Huellas
Siete aprendizajes del Camino de Santiago para liderar

Huellas

Siete aprendizajes del Camino de Santiago para liderar

Ángela Kohler

Copyright © 2024 por Angela Kohler.

Todos los derechos reservados.

Ninguna parte de esta obra puede reproducirse sin el permiso del autor, excepto para aquellos casos donde se cite en forma breve como reseña o referencia.

Diseño y arte de portada:
Emily Ortiz Barrera
Email: bymusicart@gmail.com

Maquetación y publicación en Amazon por:
Inmersión Digital
Email: contacto@inmersion.digital
Web: inmersion.digital

ÍNDICE

Agradecimientos	ix
Prólogo	1
Introducción	9
1. Humanidad: Bajo la tormenta	13
2. Unidad: Vínculos en el camino	40
3. Equilibrio: Geometría sagrada	64
4. Legado: Huella silenciosa	82
5. Logro: El Camino de dos corazones	106
6. Adaptabilidad: Caminos compartidos	134
7. Servicio: De Sarria a Santiago	166
Epílogo	201
Sobre La Autora	203

Dedicatoria

A quienes caminaron bajo cielos infinitos,
con polvo en los pies y el alma abierta,
cada paso dado, sin importar el dolor.
Este libro es mi forma de darles gratitud eterna.

A quienes en los valles de Galicia hallaron paz,
y entre las montañas de Navarra su fuerza renovaron.
Los amaneceres en Roncesvalles, los silencios compartidos,
nos enseñaron que el Camino es más que llegar,
es viajar juntos.

A ustedes que bajo lluvias compartieron el pan,
que en albergues humildes ofrecieron abrigo,
sus risas fueron el consuelo, sus palabras el aliento,
y en cada abrazo, encontramos esperanza y un destino.

Este libro es mi forma de agradecer su presencia,
cada ampolla, cada lágrima, cada sonrisa en el trayecto,

es un canto a su coraje y al amor encontrado.
En cada paso del Camino,
quedamos para siempre conectados.

A los peregrinos:

Adolf y su cuñada (Viena), Alessia (Italia), Andrea (Austria), Anita (España), Brigita (Eslovenia), Carlos Javier Urkijo «Tío Charlie» y sus sobrinos Martín Arberas y Juan Barrenechea (España), Carmelitas Contemplativos (España), Felipe (Alemania) Francisco y su esposa (Estados Unidos), Henry (Estados Unidos), Irene (España - Hospitalera), Jenny (Estados Unidos), Joann (Filipinas), José Luis Sánchez (España), KK (China), Laura (España), Lucy (Argentina), Manuel (España - Hospitalero), Margarita (Hungría), Margarita y su esposo (Italia), María Luisa Alcántara (España), Max e hijo (Reino Unido), Michael Xu (China), Natali (Colombia), Oriol «Ori» Baroch (España), Pedro y amigo (Portugal), Sofía (España) Peggy (Taiwán) y Yong (Malasia), Rea (Austria), Tatiana Ponce (España)...

Agradecimientos

Gratitud hacia mi familia y amigos, verdaderos pilares de apoyo y fuentes de amor inagotable. Cada desafío en este camino ha sido aligerado por su presencia constante, sus palabras reconfortantes y sus abrazos sanadores. Ustedes han sido mi faro en la oscuridad, guiándome con su sabiduría y su paciencia incondicional. En cada línea de este libro, hay un trozo de cada uno de ustedes. Ustedes me han enseñado a enfrentar la adversidad con gracia y a encontrar la belleza en los momentos más duros. Gracias por estar siempre a mi lado, por darme fuerzas cuando las mías flaqueaban, y por celebrar cada logro como si fuera propio.

Gracias a Juan Luis García Valencia, un auténtico caminante cuya sabiduría y presencia trascienden más allá de las palabras. Su prólogo además de enriquecer este libro, ilumina el sendero que todos recorremos en busca de nuestro propósito. Su mirada sobre el Camino resuena como un eco de experiencias compartidas, de pasos que invitan a la reflexión y al crecimiento. Juan Luis, tu bondad y tu amor por el viaje de la vida han dejado una huella imborrable en estas páginas.

Gracias a Sandra Amézquita, una líder cuya fortaleza y visión han inspirado profundamente esta obra. Sandra, tu liderazgo es una guía que eleva a quienes te rodean. A través de tu ejemplo, he encontrado inspiración para explorar con mayor profundidad los valores y aprendizajes que este libro busca transmitir. Me enseñaste sobre la Geometría Sagrada y todo lo que esto simboliza en el Camino de Santiago de Compostela, razón por la cual hay un capítulo dedicado exclusivamente a este tema. Gracias por ser una luz en el camino, por tu generosidad y por recordarme siempre que el verdadero liderazgo reside en el servicio a los demás.

Gracias a cada persona que ha inspirado este libro. A los caminantes y hospitaleros, quienes con su generosidad e historias han dado vida a estas páginas. A Toro Carvalho, corrector de estilo, cuyo ojo detallista ha pulido cada palabra, a los editores Arturo Villegas y Mario de la Peña, cuyo acompañamiento ha sido clave para que esta obra tomara forma, a Emily Ortiz Barrera quien hizo la portada, capturando la esencia de este viaje en una imagen. Y, sobre todo, gracias a Dios, fuente inagotable de inspiración, por concederme estas palabras que no son más que un reflejo de su guía y amor.

Prólogo

Mientras leía «Huellas», recordaba los aprendizajes recibidos en el Camino de Santiago durante mi travesía del 4 de junio al 4 de julio de 2013. Las vivencias y experiencias descritas aquí me hicieron revivir los escenarios del Camino.

Cuando en diciembre de 2012 decidí emprender el Camino de Santiago de Compostela, me aconsejaron, entre muchas cosas, llevar una intención: *«porque el Camino la hará realidad»*.

Esta afirmación resultó ser absolutamente cierta. Desde siempre, sentí que mi vida carecía de equilibrio entre dar y recibir; siempre supe dar y servir, pero no sabía cómo recibir. Así que elegí aprender a recibir como mi intención para el Camino.

La preparación para este viaje duró aproximadamente seis meses, durante los cuales me informé, investigué y planeé principalmente la logística del viaje. Al llegar a Roncesvalles, donde inicié el Camino, esa misma noche en el albergue me hice amigo de tres madrileños que también hacían el recorrido y se ofrecieron como compañeros.

Con ellos compartí las primeras etapas y obtuve valiosa información sobre esta aventura. Fue entonces cuando descubrí una frase en uno de los albergues: *«El Camino de Santiago se inicia al salir de casa»*, lo que resonó profundamente con las experiencias acumuladas desde la planificación, donde recibí apoyo, objetos, recomendaciones y despedidas.

Durante el Camino, el saludo «¡Buen camino!» era común entre nosotros, los peregrinos, independientemente del idioma. Este saludo se convertía en un lazo común en cada encuentro.

A lo largo de la ruta, naturalmente se unieron a mí muchas personas, compartiendo no solo objetos, sino también sus vidas, emociones e intenciones.

Hubo numerosas invitaciones para compartir alimentos, disfrutar de los momentos en los albergues o en el camino, e incluso para cocinar juntos. Estos momentos me devuelven a episodios especiales de mi vida que reflexionaba y asimilaba durante cada jornada, sanando mi pasado y enriqueciendo mi presente, pues como otra frase del Camino dice: «Quien hace el Camino de Santiago de Compostela, no vuelve a ser el mismo».

Al leer «Huellas», reviví esas experiencias de convivencia y conexión. Recuerdo la expresión de Óscar Mejía Henao (Se hace camino al andar II, 2013): «Por eso, de vez en cuando, vale la pena hacer un camino, físico o mental. Ojalá sean las dos cosas, pisando la tierra, y no el asfalto, para tener conexión con el origen, con la cuna. Y llegar a lo que solo es posible mentalmente: deshacer pasos. Hay pasos en nuestras vidas que es preciso deshacer, y solo el ejercicio inteligente puede lograrlo».

Gané muchos amigos durante esta aventura, quienes ahora son parte vital de mi vida. Estos amigos activos y presentes me permiten visitar España y la catedral de Santiago de Compostela regularmente.

Además, he incrementado mi círculo de amigos colombianos, pues desde mi regreso he ofrecido una presentación de dos horas sobre el Camino, la cual he repetido veintiocho veces hasta hoy, preparando a peregrinos para la ruta, incluyendo a Ángela Kohler y sus acompañantes.

La narrativa de Ángela Kohler en esta obra es multifacética, mostrando cómo conecta magistralmente los aprendizajes del Camino con los principios del liderazgo aplicables en nuestra vida personal, profesional y empresarial. Hablar de Ángela Kohler es hablar de humanismo, liderazgo, innovación, inspiración y creatividad, fruto de su profundo conocimiento del ser humano y de sus acciones en beneficio de la humanidad.

Definitivamente, «Huellas» ha dejado una marca profunda en mí, recordando mis experiencias y aprendizajes en el Camino. Ángela ha logrado plasmar perfectamente estas vivencias, mostrando cómo el liderazgo se manifiesta en diversos escenarios de nuestras vidas.

Este libro es más que un recuento de experiencias; es un tratado sobre liderazgo que nos lleva hacia la meta de la ruta, a la llegada a Compostela, culminando en un cambio profundo en nuestras vidas.

Por todo esto, recomiendo la lectura y aplicación de los principios contenidos en «Huellas», tanto para quienes buscan mejorar aspectos de su vida recorriendo el Camino de Santiago, como para aquellos interesados en aplicar conocimientos de liderazgo.

Para el lector desprevenido, este libro será un deleite, lleno de anécdotas y emociones que lo transportarán a esos ricos escenarios donde casi se pueden apreciar los olores, sonidos, texturas y colores de esta fascinante ruta espiritual.

Y si alguien me preguntara: ¿qué tiene el Camino de Santiago que lo hace esencial al menos una vez en la vida? Yo diría: mi recorrido de 800 kilómetros en 31 días, desde Roncesvalles hasta Santiago de Compostela, fue una verdadera sabiduría hecha sendero, con todos los beneficios obtenidos en cada nivel.

Para todos aquellos que desean emprender esta aventura de vida o mejorar sus conocimientos de liderazgo, después de disfrutar «Huellas»: ¡Buen camino, peregrino!

Juan Luis García Valencia.
Comunicador gráfico. Coach neurolingüístico.
Peregrino 2013 y preparador de peregrinos para el Camino de Santiago de Compostela.

Presentación

Este año comenzó con una incertidumbre que me envolvía como un manto invisible. En medio de esa niebla, fue mi hermana mayor Ana Luz, mi roca desde la infancia, quien me extendió la mano, como tantas veces lo ha hecho a lo largo de nuestras vidas. Fue ella quien sugirió algo que resonó en lo más profundo de mi corazón: «Hagamos juntas el Camino de Santiago de Compostela». Había pospuesto ese sueño por tanto tiempo que ya parecía una promesa rota, pero su propuesta llegó como un rayo de luz, despertando en mí algo que había estado dormido. Así fue como, sin pensarlo dos veces, invité también a mi amiga, Dora Claribett Álvarez, y nos embarcamos en esta travesía, sin saber entonces que no solo íbamos a caminar sobre la tierra, sino sobre nuestras propias historias, sanando juntas, paso a paso.

Treinta y cinco días después, desde Pamplona hasta Fisterra, caminamos más allá del Camino, caminamos por nuestras memorias, nuestras esperanzas y nuestras heridas. Ana Luz, siempre ha sido mi guía, mi protectora, y a lo largo de este viaje me mostró una vez más que su amor y su sabiduría no conocen límites. Dora Claribett, con su serenidad y su fortaleza, fue ese pilar inquebrantable que nos sostuvo cuando las fuerzas flaqueaban y las ampollas hacían dudar. Juntas, como hermanas y amigas, atravesamos montañas, superamos dolores y en el proceso, nos encontramos.

Este libro es mi forma de decirles gracias. A ti, Ana Luz, por ser siempre mi faro, mi cuidadora incansable desde nuestra niñez, por sostenerme cuando ni siquiera sabía que necesitaba ser sostenida. A ti, Dora Claribett, por haber aceptado caminar este sendero conmigo, demostrando que la amistad es una de las formas más puras de amor. Y a ti, querido lector, que ahora estás aquí con este libro en tus manos, te invito a caminar con nosotras, a compartir esta travesía de descubrimientos y aprendizajes.

Este libro es más que una crónica de un viaje físico, es ante todo una invitación a que tú también emprendas el tuyo, a que descubras tus propias huellas en este mundo. Es un homenaje a los millones de caminantes que, a lo largo de los siglos, han recorrido el Camino de Santiago de Compostela, dejando una parte de su ser en cada paso, cada piedra, cada rincón de este sendero sagrado. Estos peregrinos, con sus historias, su dolor y su esperanza, han trazado un camino espiritual tan profundo como el que une pueblos y ciudades, recordándonos que el verdadero viaje no es hacia un lugar, sino hacia dentro de nosotros mismos.

El Camino de Santiago no es solo una ruta, es un símbolo de búsqueda, de sacrificio y de transformación. A lo largo de su recorrido, millones de pies han tocado la misma tierra, y cada uno ha dejado una marca indeleble, no solo en el suelo, sino en el alma de quienes lo recorren. Este libro busca honrar esas historias anónimas, esos pasos silenciosos que resonarán por siempre en el corazón de quienes han tenido el coraje de buscar algo más allá de lo tangible. Cada paso es un tributo a los que caminaron antes, a los que caminan ahora, y a los que vendrán, guiados por el mismo anhelo de encuentro, de redención y de autoconocimiento.

Porque al final, el Camino no se trata de llegar a Santiago o a cualquier otro destino, sino de descubrir quién eres en cada paso que das. Este libro es una invitación a que, al igual que millones antes de ti, te atrevas a caminar, a dejar tus huellas en este mundo, y a rendir homenaje a aquellos que han hecho del Camino de Santiago una travesía de fe, de humanidad y de trascendencia.

¡Te doy la bienvenida a esta aventura!

Introducción

El Camino de Santiago es una travesía que va más allá del recorrido físico. Es un viaje interior, lleno de reflexiones, de momentos de luz y sombra, y de profundas transformaciones personales. Lo que este libro ofrece no son solo enseñanzas académicas sobre liderazgo, sino el reflejo de vidas que se entrelazan con la propia esencia del Camino, donde cada paso deja una huella en el corazón de quienes lo recorren. Es un relato que conecta con las emociones más profundas, porque cada uno de nosotros en algún momento de la vida, ha enfrentado la incertidumbre, la duda o la necesidad de encontrar un propósito más elevado. En estas páginas encontrarás historias que, además de tocar tu alma, también te invitarán a reflexionar profundamente sobre el verdadero significado de servir a los demás.

Este libro está estructurado en siete capítulos, cada uno dedicado a una cualidad esencial del liderazgo inspirada en las lecciones del Camino de Santiago. A través de estas virtudes, representadas por las letras de la palabra «*HUELLAS*», explorarás el poder transformador de la Humanidad, la fuerza de la Unidad, el balance necesario en el Equilibrio, la trascendencia de un

Legado, la satisfacción del Logro, la importancia de la Adaptabilidad y la grandeza del Servicio.

Este libro te llevará a enamorarte de las historias de personas reales, con retos únicos, que encuentran en el Camino de Santiago una oportunidad de crecimiento y transformación personal. Marta, una mujer argentina de 48 años, tras varias pérdidas personales, busca redescubrir la conexión humana y aprenderá el poder de la Humanidad. En el Camino, Marta encontrará compasión en los vínculos que forma con otros peregrinos, enseñándonos a todos que el verdadero liderazgo comienza con la capacidad de sentir y compartir el dolor y la alegría de los demás.

Luego está Gabriel, un ingeniero portugués que nunca imaginó que sus desafíos en el trabajo en equipo se resolverían en los senderos del Camino. Durante su experiencia, Gabriel se verá forzado a aceptar la ayuda de otros, redescubriendo el valor de la Unidad. En su historia, verás tu reflejo si alguna vez has tenido que liderar o colaborar en momentos de dificultad, aprendiendo que el apoyo mutuo es clave para alcanzar metas comunes.

Por su parte, Alejandro, un arquitecto español, lucha por equilibrar sus ambiciones profesionales con su bienestar personal. A través de su historia, este libro te mostrará cómo el Equilibrio emocional es esencial para cualquier líder que busque mantener su propósito sin perderse en las exigencias del día a día. Su travesía te hará reflexionar sobre la importancia de encontrar tiempo para uno mismo mientras lideramos.

El legado, tal como lo aprende Lourdes, una misionera comprometida, no se trata de grandes hitos, sino de los pequeños actos que impactan profundamente en la vida de otros. En el capítulo del Legado, descubrirás cómo los momentos cotidianos pueden dejar una huella que trascienda generaciones, y cómo líderes como Lourdes influyen a través de su dedicación silenciosa y su servicio a los demás.

En el capítulo del Logro, te encontrarás con la conmovedora historia de Arjun y su hijo Rohan, quienes viajan desde la India para hacer el Camino juntos. A lo largo de su recorrido, descubrirás que el verdadero éxito no está en la meta final, sino en los desafíos que superamos y en las conexiones que construimos durante el viaje. Arjun y Rohan te enseñarán que el liderazgo no es solo individual, sino también colectivo y familiar.

La Adaptabilidad es el foco en la historia de Amir y Yi-Ling, una pareja joven en su luna de miel, que debe ajustar sus expectativas y afrontar los desafíos del Camino, mientras aprenden a adaptarse tanto a las diferencias culturales como a las sorpresas que el viaje les presenta. Junto a ellos conocerás a Clara, Mónica y Lucía, tres peregrinas colombianas que, con su hospitalidad y alegría, nos muestran que adaptarse es clave para conectarse en un mundo lleno de diversidad.

Finalmente, te adentrarás en la vida de Élodie, una restauradora de arte francesa con autismo leve, que busca el Servicio no solo en su labor profesional, sino también en su vida personal. En el Camino de Santiago, Élodie aprenderá que el verdadero liderazgo implica saber servir a los demás y a uno mismo, superando sus propios miedos y limitaciones. A lo largo de su recorrido, Manuel, un hospitalero con años de experiencia, se convierte en una figura clave que le enseña que el servicio desinteresado es una forma poderosa de liderazgo. Con su ejemplo y palabras llenas de sabiduría, Manuel muestra a Élodie y a otros peregrinos que los pequeños actos de bondad y generosidad pueden transformar el Camino y la vida misma.

Cada uno de estos personajes te inspirará a mirar más allá de las dificultades y a encontrar aprendizajes de liderazgo en las experiencias cotidianas, mostrándote que el liderazgo, como el Camino de Santiago, es un viaje lleno de descubrimientos y aprendizajes. Estas historias nos marcan el camino para reflexionar sobre las teorías del liderazgo y el desarrollo personal, mencionando autores que han estudiado el impacto de la humanidad, el servicio, y la adaptabilidad en la vida profesional y personal. A través de personajes como Marta, Gabriel, Élodie y Amir, nos adentramos en cómo el liderazgo se manifiesta en los momentos más sencillos y, a la vez, más transformadores. Este libro además de ofrecer ejemplos prácticos, también te invita a profundizar en el pensamiento de autores de renombre que han teorizado sobre estos temas, entre ellos Daniel Goleman, con su visión sobre la inteligencia emocional, y Simon Sinek, que explora el liderazgo con propósito.

En cada capítulo encontrarás, además de una historia poderosa, siete acciones prácticas diseñadas para que desarrolles ese aprendizaje en tu vida diaria. A lo largo de este libro, explorarás cuarenta y nueve acciones concretas que te guiarán para convertirte en un líder más humano, adaptativo y capaz de crear un legado que inspire a otros.

El liderazgo, como el Camino de Santiago, es una travesía llena de retos, aprendizajes y momentos de transformación. Al final de cada capítulo, te invito a reflexionar sobre los personajes y sus enseñanzas y lo más importante a tomar acción. Este libro es una llamada a despertar tu propio potencial como líder, a caminar tu propio Camino con la certeza de que, con cada paso, estás dejando una huella que puede marcar la diferencia en tu vida y en la de los demás.

¡Es hora de empezar a caminar!

Capítulo 1

Humanidad: Bajo la tormenta

Marta, de 48 años, originaria de Buenos Aires, Argentina, caminaba con pasos lentos y pesados mientras la lluvia seguía cayendo de manera implacable. Cada gota que golpeaba su rostro parecía acentuar el agotamiento físico y emocional que la acompañaba desde el inicio de su travesía. Había decidido emprender el Camino de Santiago como un intento desesperado de encontrar respuestas, una paz interior que parecía haberse desvanecido después de un año marcado por pérdidas dolorosas. El fallecimiento de su madre había sido el golpe más fuerte; la mujer que siempre había sido su refugio emocional ya no estaba, y Marta no había encontrado consuelo ni en su trabajo ni en su matrimonio.

Su vida en Buenos Aires, una ciudad vibrante y siempre en movimiento, la había mantenido ocupada durante años. Profesora de Sociología en una universidad reconocida, Marta estaba acostumbrada a lidiar con aulas llenas de jóvenes estudiantes, conferencias y proyectos de investigación. Sin embargo, a pesar del éxito profesional, la tristeza la había atrapado en una espiral de melancolía. Las calles bulliciosas de Buenos Aires, que antes le ofrecían una distracción, ahora solo parecían intensificar su soledad. Fue en medio de esa tristeza cuando escuchó hablar del Camino de Santiago, un peregrinaje que, decían, tenía el poder de transformar vidas. Tal vez, pensó, en esos kilómetros de caminata podría encontrar las respuestas que tanto buscaba.

Sus hijos, Valentina y Joaquín, la habían apoyado en su decisión, aunque no sin cierta preocupación. Valentina, con su espíritu protector, había intentado disuadirla de hacerlo sola. «*Mamá, ¿estás segura? El Camino es largo y agotador. Quizá deberías ir acompañada*», le había dicho, con esa mezcla de cariño y cuidado que siempre caracteriza sus palabras. Pero Marta estaba decidida. Valentina, de 25 años, estaba en el último año de su carrera de medicina, y Joaquín, con 22, trabajaba en una startup tecnológica que lo absorbía por completo. Ambos habían sido un apoyo constante para Marta, pero en este viaje sabía que necesitaba enfrentarse a sus propios demonios.

A pesar de sus dudas iniciales, Joaquín había sido más pragmático en su consejo. «*Si necesitas algo, me llamas. Pero disfruta, mamá, te lo mereces*», le dijo con una sonrisa antes de su partida. Sin embargo, en medio del Camino, lejos de sus hijos y de la vida que había construido en Buenos Aires, Marta no podía evitar sentirse un poco sola. El peso de las decisiones que había tomado, y las que aún debía tomar, la acompañaban en cada paso.

La tormenta que se había desatado esa mañana parecía reflejar su estado emocional. El cielo, que había comenzado con una ligera llovizna, se tornó oscuro rápidamente, y el viento soplaba con fuerza, lanzando gotas de lluvia fría contra su rostro. El impermeable verde oliva que llevaba puesto apenas era suficiente para protegerla de la lluvia intensa, y sus botas de montaña marrones, aunque resistentes, estaban completamente empapadas. Con cada paso que daba, sentía cómo el barro se acumulaba en las suelas, volviéndose más pesadas y haciendo que cada avance fuera más difícil. La mochila azul marino que llevaba a la espalda, cargada con lo esencial para su viaje, se había convertido en una carga que parecía arrastrarla hacia el suelo. Aunque la mochila era fuerte y había sido cuidadosamente elegida para esta travesía, el peso emocional que cargaba dentro era mucho más difícil de llevar.

A pesar del mal tiempo, Marta intentaba distraerse observando el paisaje que la rodeaba. El Camino de Santiago, en su tramo por Navarra, ofrecía vistas espectaculares de colinas onduladas y pequeños pueblos medievales. De pronto, al borde del camino vio un campo de astromelias color violeta. Las flores, delicadas pero resistentes, parecían desafiar las duras condiciones del terreno. Marta se agachó para tocarlas sintiendo el contraste entre la suavidad de los pétalos y la rugosidad de la tierra bajo sus dedos. A pesar de su cansancio permitió que una sonrisa suave cruzara su rostro. En ese pequeño gesto Marta encontró un recordatorio de que, incluso en los lugares más difíciles, la vida podía florecer. Esa pequeña belleza, en medio del barro y la tormenta, era una metáfora perfecta de su propio viaje.

Finalmente, después de horas de caminar bajo la lluvia, Marta divisó a lo lejos las primeras casas de Estella, un pueblo medieval conocido por su hospitalidad hacia los peregrinos. A medida que se acercaba, las casas de piedra con techos de teja y ventanas pequeñas comenzaron a emerger de la niebla que cubría el paisaje. Las calles estrechas y empedradas eran un recordatorio del antiguo pasado de Estella, un lugar que había sido testigo de innumerables peregrinos a lo largo de los siglos. El Albergue Municipal de Estella, donde Marta planeaba pasar la noche, se encontraba en una esquina del casco histórico del pueblo.

El albergue era una construcción grande y antigua, con tres pisos de ventanas de madera pintadas de verde, que resaltaba sobre las paredes de piedra gris y envejecida. Las puertas, también verdes, brillaban bajo la lluvia, destacándose en el entorno sombrío.

Marta subió las escaleras de piedra que llevaban a la entrada del albergue. Los peldaños estaban cubiertos por un techo bajo que protegía a los peregrinos de la tormenta, y el sonido de sus botas, empapadas y pesadas, resonaba en el silencio. Cuando empujó la puerta principal, esta emitió un suave crujido, como si la madera misma diera la bienvenida a los cansados caminantes.

El interior del albergue era cálido y acogedor. El suelo estaba cubierto de baldosas de terracota desgastadas por los años, y las paredes de piedra estaban decoradas con fotos de peregrinos que habían pasado por allí, junto a conchas de vieira colgadas en pequeños clavos. Marta dejó caer su mochila al suelo con un golpe sordo, sintiendo el alivio inmediato de quitarse el peso de encima. El agua goteaba de la tela gruesa de la mochila, formando pequeños charcos en el suelo de piedra. Se quitó las botas, cubiertas de barro seco y húmedo, y las dejó junto a la entrada.

El olor a leña quemada que provenía de la chimenea de la sala común del albergue era reconfortante. El fuego crepitaba suavemente en una esquina, llenando la habitación con un calor acogedor que contrastaba con el frío y la humedad exterior. La sala común era amplia, dominada por mesas largas de madera, en las que varios peregrinos ya estaban sentados, compartiendo comidas simples y descansando después de un día difícil. Las ventanas verdes, cerradas para protegerse de la tormenta, dejaban entrar una luz suave y filtrada que daba a la habitación un aire sereno.

Pero Marta apenas se fijaba en los detalles. La ansiedad la estaba consumiendo. Horas antes, mientras caminaba, se había dado cuenta de que había perdido su pequeña bolsa donde guardaba su dinero, su documentación y algunos recuerdos personales. El pánico había comenzado a crecer dentro de ella. Sabía que, sin esos documentos, no podría continuar el Camino. La angustia se apoderaba de su pecho mientras intentaba recordar en qué momento la había perdido. Había estado bien guardada en un compartimento lateral de su mochila, o al menos eso pensaba. Pero la tormenta, el cansancio y la confusión del día la habían distraído y ahora su bolsa había desaparecido en algún punto del recorrido.

Se dejó caer en una de las sillas de madera cercanas a la chimenea. Las sillas, rústicas y firmes, tenían el respaldo decorado con grabados de conchas de vieira, el símbolo del Camino. Mientras se sentaba, sintió cómo el peso del cansancio, tanto físico como emocional, la abrumaba. Antes de poder detenerlas, las lágrimas comenzaron a rodar por sus mejillas. Trató de esconderlas, pero no pudo evitar que su tristeza se hiciera evidente. Marta había pensado que el Camino le ayudaría a sanar, pero en ese momento todo parecía ir en su contra.

Fue entonces cuando una mano suave tocó su hombro. Al levantar la vista Marta vio a una mujer mayor de cabello canoso recogido en un moño sencillo. Llevaba un chal de lana oscuro, y su rostro, aunque marcado por los años, tenía una expresión de calidez y compasión que Marta no había sentido en mucho tiempo. La mujer, que se presentó como Rosa, era española y también estaba haciendo el Camino.

«*¿Estás bien, hija?*», preguntó Rosa con voz suave, su acento español acentuando la dulzura de sus palabras. Marta, con la voz rota por la emoción, le explicó a Rosa lo que había sucedido con su bolsa. A medida que las palabras salían de su boca, la frustración y el agotamiento se hacían más evidentes. Rosa, que escuchaba con una paciencia infinita, no tardó en actuar. Con un gesto suave y lleno de cariño colocó una manta de lana sobre los hombros de Marta. La manta, gruesa y áspera, ofrecía una calidez inmediata que no solo combatía el frío físico, sino que también parecía aliviar parte de la angustia emocional que Marta sentía.

«*No te preocupes, hija. En el Camino, nunca estamos solos. Siempre hay alguien dispuesto a ayudar*», dijo Rosa con una sonrisa que irradiaba tranquilidad. Marta no sabía cómo agradecerle. Sentía que había llegado al borde de sus fuerzas, pero el gesto de Rosa y la simple calidez de la manta le dieron un pequeño respiro.

Mientras Marta trataba de recomponerse otro peregrino se acercó. Pedro, un joven alto y de complexión delgada, oriundo de Portugal, había estado escuchando la conversación desde una mesa cercana. A pesar del cansancio evidente en sus ojos, su rostro reflejaba una bondad y un entusiasmo que parecían inquebrantables. Pedro se acercó a Marta con una sonrisa tranquila, como si ya hubiera decidido lo que iba a hacer antes de que ella pudiera objetar.

«*Escuché lo que te pasó*», dijo en un español marcado por su acento portugués. «*Puedo volver sobre nuestros pasos y buscar tu bolsa. Estoy seguro de que la encontraremos*».

Marta, sorprendida por la generosidad de este desconocido, intentó rechazar la oferta. «*No puedo pedirte que hagas eso*», dijo, pero Pedro simplemente negó con la cabeza sonriendo aún más.

«*En el Camino no hay que pedir nada. Todos estamos aquí para apoyarnos. Hoy es por ti, mañana será por otro*», respondió con convicción, y antes de que Marta pudiera decir más, Pedro comenzó a prepararse para salir de nuevo bajo la lluvia.

Pedro no estaba solo en su decisión. Otros dos peregrinos se unieron a la búsqueda: Jacques, un hombre francés calvo, de unos 50 años, con una barba bien cuidada, y Klara, una joven alemana que llevaba días caminando en solitario. Los tres se pusieron sus impermeables y ajustaron sus mochilas, decididos a ayudar a Marta a recuperar lo que había perdido.

Marta observó cómo los tres peregrinos se preparaban para salir al frío y la tormenta. En su interior, sentía una mezcla de asombro y gratitud. No podía creer en la solidaridad de la que estaba siendo objeto. En Buenos Aires, donde la vida siempre era una carrera contra el tiempo, estaba acostumbrada a lidiar con sus problemas sola. Pero aquí, en este pequeño albergue en Estella, rodeada de personas de diferentes partes del mundo, se daba cuenta de que el verdadero espíritu del Camino no era solo el acto de caminar, sino la humanidad compartida.

Mientras los tres peregrinos salían, Marta se quedó sentada, observando el calor de la chimenea y escuchando el sonido de la lluvia que golpeaba contra las ventanas verdes del albergue. Aunque el miedo y la incertidumbre aún pesaban sobre ella, había algo reconfortante en el gesto de Pedro, Jacques y Klara. Había algo especial en saber que, aunque no los conocía, estaban dispuestos a ayudarla sin esperar nada a cambio.

El albergue, que hasta ese momento había sido un refugio físico, comenzó a sentirse como un lugar de comunidad. Mientras Marta esperaba el regreso de los peregrinos, Rosa comenzó a preparar una comida comunitaria en la pequeña cocina del albergue. El olor a sopa de verduras pronto llenó la sala, y uno a uno, los demás peregrinos se acercaron para ayudar. Jacques, el francés que había salido a buscar la bolsa, había traído consigo una hogaza de pan fresco de una panadería local esa misma mañana. Cuando regresara, todos disfrutarían de la cena.

Los otros peregrinos que se encontraban en el albergue también se unieron a la tarea. Un grupo de alemanes, que habían llegado antes que Marta colocaba la mesa común, mientras que un par de jóvenes japoneses organizaron los platos y los cubiertos. Los idiomas se entrelazaban en el aire, pero todos parecían entender el lenguaje universal de la solidaridad. Marta, aún sumida en sus pensamientos, observaba cómo el simple acto de compartir una comida estaba creando un sentido de comunidad en el lugar.

A pesar del cansancio que la había invadido durante horas, Marta comenzó a relajarse poco a poco. Mientras bebía una taza de té caliente sus pensamientos vagaban hacia sus hijos.

Imaginaba cómo Joaquín y Valentina estarían ahora en Buenos Aires, preocupados por ella, aunque intentando no demostrarlo. Pensar en ellos le recordaba la razón por la que había decidido emprender este viaje. No solo estaba buscando respuestas sobre su vida, sino también un espacio para redescubrirse a sí misma, más allá de su rol como madre, profesora y esposa. En el Camino, Marta se enfrentaba más que a sus desafíos físicos, a los fantasmas de su pasado.

Pasaron un par de horas antes de que se escuchara un ruido fuerte en la puerta del albergue. De repente, la puerta de madera se abrió de golpe, dejando entrar una ráfaga de viento frío y lluvia. Marta levantó la vista rápidamente, y su corazón comenzó a latir con fuerza. Allí, empapados hasta los huesos pero con una sonrisa triunfante en sus rostros, estaban Pedro, Jacques y Klara. En la mano de Pedro, Marta vio su pequeña bolsa.

«¡*La encontramos!*», exclamó Pedro, avanzando hacia Marta con pasos pesados, dejando un rastro de agua en el suelo de piedra. «*Estaba junto a un roble enorme, medio escondida entre las raíces. No fue fácil, pero aquí está*».

Marta se levantó de su silla de un salto, sin poder contener las lágrimas. Se acercó a Pedro y tomó la bolsa de sus manos, aún incrédula. «*No sé cómo agradecerte esto… No sé cómo agradecerles a todos*», dijo con la voz quebrada por la emoción. Había algo profundamente transformador en ese momento. No solo había recuperado sus pertenencias, sino que había experimentado, de manera tangible, la fuerza de la humanidad en los actos desinteresados de estos peregrinos.

Pedro, con una sonrisa modesta, simplemente se encogió de hombros. «*No tienes que agradecer nada, Marta. En el Camino, nos cuidamos unos a otros. Así es como funciona*», dijo, y los otros peregrinos asintieron en silencio.

El grupo de peregrinos que estaba en la sala común estalló en aplausos, celebrando el regreso de Pedro y los demás. Pronto, todos volvieron a sus asientos, animados por el éxito de la búsqueda y por el espíritu de camaradería que se había creado en el albergue. Marta, aún con la bolsa firmemente sujeta entre sus manos, se sentó de nuevo, pero esta vez se sentía diferente. La tormenta afuera parecía menos imponente ahora, y dentro del albergue, el calor humano lo llenaba todo.

Mientras Marta se acurrucaba en su litera esa noche, el suave sonido de la lluvia golpeando el techo del albergue la arrullaba. A pesar del frío exterior, sentía una calidez interior que no había experimentado en mucho tiempo. A medida que la noche avanzaba, Marta comenzó a reflexionar sobre lo que había vivido ese día. Lo que al principio había sido un momento de desesperación se había transformado en una lección profunda sobre la humanidad compartida. El Camino de Santiago, pensó, era más que una mera travesía física, era un espacio en el que las conexiones humanas se revelaban de manera clara y honesta, en el que la ayuda llegaba de los lugares más inesperados, y donde las personas que menos conocías podían convertirse en tus mayores apoyos.

Su día había comenzado con la pérdida y el desánimo, pero había terminado con un recordatorio claro de lo que realmente importaba: la conexión humana. A veces, la vida nos despoja de todo lo material solo para mostrarnos que lo más valioso es lo que llevamos dentro y compartimos con los demás. Y así, mientras cerraba los ojos, Marta comprendió que en los momentos más oscuros, la luz más brillante es la de la humanidad compartida.

Angela Kohler

Liderazgo y humanidad

Marta caminaba con pasos pesados, las gotas de lluvia golpeaban su rostro y las botas empapadas hacían cada paso más difícil. Después de un día agotador en el Camino de Santiago, su ánimo se desplomaba, pero fue en esos momentos cuando descubrió que no estaba sola. Los otros peregrinos, sin dudarlo, se acercaron a ofrecerle apoyo. Este gesto la conmovió profundamente y la hizo reflexionar sobre el poder de la humanidad en los momentos más difíciles.

De la misma manera, en el liderazgo, los líderes que priorizan el bienestar de sus colaboradores son aquellos que logran transformar además del ambiente de trabajo, los resultados a largo plazo. Daniel Goleman, en su teoría sobre la inteligencia emocional, afirma que los líderes que comprenden y gestionan las emociones en sus equipos mejoran tanto el rendimiento como la moral de sus colaboradores (Goleman, 1995). Al igual que Marta encontró alivio en el apoyo de otros peregrinos, los colaboradores también necesitan sentir que sus líderes los respaldan, especialmente en momentos de adversidad.

A medida que Marta avanzaba notó cómo el simple hecho de estar rodeada de personas dispuestas a ayudar la impulsaba a seguir. Este sentimiento de comunidad es esencial en las organizaciones modernas. Simon Sinek, en *Leaders Eat Last*, argumenta que los líderes que se dedican al bienestar de sus equipos fomentan una cultura de confianza, lo que resulta en una mayor cohesión y resiliencia (Sinek, 2014). Tal como Marta fue capaz de avanzar gracias al apoyo de sus compañeros peregrinos, los colaboradores en un entorno de trabajo positivo y humanizado son más propensos a superar obstáculos y rendir mejor.

El liderazgo humanizado, al igual que el Camino de Santiago, no se trata solo de alcanzar una meta, sino de valorar y cuidar a las personas durante el proceso. Las empresas que ponen a los colaboradores en el centro de sus decisiones ven mejoras tanto en el bienestar individual, como en la capacidad de la organización para adaptarse a los cambios. En el caso de Marta fue la humanidad compartida lo que le permitió seguir adelante; en las organizaciones esta misma humanidad es la clave para la sostenibilidad a largo plazo.

Productividad y bienestar: después de varias horas bajo la tormenta, Marta sintió que su cuerpo no podía más. Sin embargo, cuando llegó al albergue de Estella y fue recibida con una cálida bienvenida y una sopa caliente, comprendió que el bienestar físico y emocional es fundamental para continuar. Al igual que Marta, que se dio cuenta de la importancia de descansar y reponer energías, las empresas que invierten en el bienestar de sus colaboradores ven un aumento en la productividad y el rendimiento general.

Estudios como los de Shawn Achor, en *The Happiness Advantage*, demuestran que los colaboradores que se sienten felices y apoyados en su lugar de trabajo son hasta un 31% más productivos que aquellos que trabajan bajo altos niveles de estrés y presión (Achor, 2010). Marta, al encontrar refugio en el albergue y la amabilidad de los demás peregrinos, pudo recargar sus fuerzas para continuar su travesía. De la misma manera, los líderes que se preocupan por el bienestar de sus colaboradores fomentan un entorno donde la productividad y la creatividad florecen.

Tal como Marta recibió la ayuda de otros peregrinos sin pedirla, los líderes que promueven una cultura de apoyo mutuo logran que sus equipos trabajen mejor en conjunto. Tony Hsieh, ex CEO de Zappos, transformó la empresa al priorizar la felicidad de sus colaboradores. El éxito de Zappos se debió a la creación de una cultura donde el bienestar de los colaboradores era una prioridad central. Así como el apoyo de los demás ayudó a Marta a seguir caminando, el bienestar de los colaboradores permite que las empresas prosperen.

Cuando Marta se dejó cuidar por los demás y aceptó el apoyo, comprendió que su bienestar personal era tan importante como llegar a la meta. En el mundo organizacional, el bienestar de los colaboradores es clave para el éxito empresarial. Herb Kelleher, fundador de Southwest Airlines, demostró que cuidar de los colaboradores no solo mejora la moral, sino que también impulsa la rentabilidad y el éxito a largo plazo. Las empresas que cuidan a sus colaboradores crean entornos donde las personas están motivadas a dar lo mejor de sí mismas.

El papel de la tecnología: a medida que Marta avanzaba en su recorrido por el Camino, dependía de sus botas, su mochila y su equipo para moverse con eficiencia. Sin embargo, pronto comprendió que lo que realmente la impulsaba a seguir no era el equipo, sino la conexión humana con otros peregrinos. De manera similar, en las organizaciones modernas, la tecnología puede aumentar la eficiencia, pero es la conexión humana la que realmente impulsa la innovación y el compromiso.

Brené Brown, en *Dare to Lead*, destaca que aunque la tecnología puede facilitar el trabajo, son las relaciones interpersonales las que construyen equipos sólidos. Marta pudo avanzar gracias a sus herramientas, pero lo que realmente marcó la diferencia fue la solidaridad y la empatía de los demás peregrinos (Brown, 2018). Los líderes que utilizan la tecnología para empoderar a sus colaboradores, en lugar de reemplazar las interacciones humanas, crean ambientes más efectivos y humanos.

Así como Marta equilibró el uso de su equipo con la necesidad de apoyo emocional, los líderes deben encontrar un equilibrio entre la automatización y la conexión humana. Daniel Pink, en *Drive*, explica que la motivación intrínseca en los colaboradores proviene de la autonomía, la maestría y el propósito. La tecnología puede proporcionar autonomía, pero es el liderazgo humanizado lo que brinda el sentido de propósito y pertenencia que los colaboradores necesitan para rendir al máximo (Pink, 2009).

Marta dependía de sus botas para seguir caminando, pero fue el apoyo de otros lo que le permitió superar los momentos más difíciles. De la misma manera, la tecnología puede ser una herramienta poderosa en las organizaciones, pero no puede reemplazar la necesidad fundamental de conexión y apoyo entre los colaboradores. Amy Edmondson, en *The Fearless Organization*, subraya que solo en entornos seguros psicológicamente, donde los colaboradores se sienten respaldados, es donde se logra la verdadera innovación (Edmondson, 2018).

Impacto en la cultura organizacional: cuando Marta llegó al albergue de Estella, agotada y preocupada por haber perdido su bolsa, fue recibida con calidez y apoyo por otros peregrinos. Este acto de generosidad no solo la ayudó a recuperar sus fuerzas, sino que también le recordó el poder de la comunidad. En las empresas, los líderes que cultivan una cultura organizacional basada en la humanidad y el respeto mutuo generan equipos resilientes y comprometidos.

Jim Collins, en *Good to Great*, destaca que las empresas que logran un crecimiento sostenido son aquellas que construyen una cultura sólida, basada en la confianza y el respeto. Tal como Marta encontró apoyo en el albergue, los colaboradores en un entorno laboral positivo encuentran un sentido de pertenencia que los motiva a dar lo mejor de sí mismos (Collins, 2001). Los líderes que crean estos entornos de confianza generan un compromiso profundo con los valores de la empresa.

El impacto de una cultura organizacional saludable se extiende más allá de la productividad diaria. Simon Sinek, en *Start With Why*, argumenta que las empresas más exitosas son aquellas que alinean sus valores con los de sus colaboradores. Esto crea un sentido de propósito compartido que impulsa a las organizaciones a niveles más altos de innovación y éxito (Sinek, 2009). Así como Marta sintió que formaba parte de una comunidad en el Camino, los colaboradores se sienten parte de algo más grande cuando su trabajo está alineado con los valores de la empresa.

Patagonia, bajo el liderazgo de Yvon Chouinard, ha demostrado cómo una cultura organizacional basada en principios éticos y el bienestar de los colaboradores puede generar resultados financieros sostenibles y un impacto positivo en la sociedad. Al igual que Marta se apoyó en la comunidad de peregrinos, las empresas que priorizan a las personas logran una mayor resiliencia frente a los desafíos y una cultura organizacional fuerte.

La compasión en el liderazgo: Marta, agotada física y emocionalmente tras perder su bolsa en el Camino, se encontró con la compasión de los otros peregrinos. Rosa, una mujer mayor, al ver el desconsuelo de Marta, no solo la escuchó, sino que tomó acción, ofreciéndole una manta y unas palabras de aliento. Pedro, otro peregrino, salió en su búsqueda bajo la lluvia para recuperar su bolsa perdida. Este acto de compasión no fue solo un gesto de entendimiento, sino un verdadero compromiso con el bienestar de Marta. La compasión es un paso más allá: no solo se trata de entender el sufrimiento de otro, sino de actuar para aliviarlo.

En el liderazgo, la compasión tiene un impacto transformador. Brené Brown, en su estudio sobre liderazgo valiente, explica que los líderes que practican la compasión no solo reconocen las emociones y dificultades de sus colaboradores, sino que se comprometen activamente a ayudarlos. Los líderes compasivos crean entornos en los que los colaboradores se sienten respaldados y cuidados, lo que fomenta una mayor lealtad y compromiso con la organización (Brown, 2018). Así como Marta fue capaz de continuar su camino gracias a los actos de compasión de los peregrinos, los colaboradores que experimentan la compasión de sus líderes se sienten más motivados y conectados con su trabajo.

La compasión también fortalece el sentido de comunidad dentro de una organización. Daniel Goleman, aunque más conocido por su trabajo sobre inteligencia emocional, también reconoce que la compasión es un componente clave en las relaciones laborales saludables. Los líderes que muestran compasión, no solo en momentos de crisis, sino de manera consistente, logran crear una cultura de apoyo mutuo. Al igual que Marta encontró un refugio emocional en la compasión de los peregrinos, los colaboradores que se sienten cuidados por sus líderes desarrollan un sentido profundo de pertenencia y compromiso (Goleman, 1995).

La compasión es más que un sentimiento, es una herramienta de liderazgo poderosa que permite a las organizaciones no solo sobrevivir, sino prosperar. Richard Boyatzis, en su investigación sobre liderazgo resonante, argumenta que los líderes que practican la compasión no solo mejoran el bienestar de sus colaboradores, sino que también impulsan la productividad y el éxito organizacional a largo plazo. La compasión, al igual que la experimentada por Marta en el Camino, tiene el poder de transformar la cultura de una empresa, creando un entorno en el que las personas se apoyan mutuamente y avanzan juntas hacia el éxito (Boyatzis, 2005).

Uno de mis libros llamado, *Y Jesús lloró: Descubre el poder del liderazgo compasivo*, disponible en Amazon, profundizo en cómo la compasión puede transformar el liderazgo. En él, me inspiro en figuras como Jesús, Buda y la madre Teresa para mostrar cómo el liderazgo compasivo puede generar un cambio profundo tanto en la vida de los colaboradores como en las organizaciones.

A lo largo del libro, exploro cómo este enfoque mejora el entorno laboral e impulsa el éxito empresarial.

El poder del liderazgo humano para generar rentabilidad: después de varias semanas en el Camino, Marta comenzó a notar un patrón en sus interacciones con otros peregrinos. Los días en los que recibía o daba apoyo eran los días en los que se sentía más motivada y avanzaba más en su travesía. Estos actos de generosidad mutua creaban un ambiente en el que cada paso se sentía más ligero, y la sensación de comunidad la ayudaba a seguir. En el mundo empresarial, este mismo principio se aplica. Las organizaciones que adoptan un liderazgo humanizado y se enfocan en el bienestar de sus colaboradores experimentan un aumento en la productividad y las ganancias económicas.

Shawn Achor, en su libro *The Happiness Advantage*, respalda esta idea con datos concretos. Achor demostró que las empresas en las que los colaboradores son felices tienen un 37% más de ventas y un 31% más de productividad que aquellas en las que el bienestar no es una prioridad (Achor, 2010). Así como Marta avanzó más en los días en los que sentía el apoyo de los demás, las empresas que priorizan el bienestar ven que sus colaboradores trabajan con más energía, creatividad y compromiso.

En términos de rentabilidad las empresas que cuidan a sus colaboradores también experimentan una mayor retención de talento, lo que reduce los costos asociados con la contratación y capacitación de nuevo personal. Herb Kelleher, el legendario fundador de Southwest Airlines, siempre insistió en que el éxito de la empresa se debía a que trataban a sus colaboradores con respeto y cuidado. Al igual que los peregrinos que apoyaban a Marta en su viaje, Southwest creó una cultura de apoyo mutuo, lo que resultó en una empresa que no solo era exitosa financieramente, sino también resiliente ante las crisis económicas.

Tony Hsieh, en su liderazgo en Zappos, también demostró que el bienestar de los colaboradores puede traducirse en ganancias económicas. Hsieh apostó por crear una cultura de felicidad en el trabajo, lo que aumentó los niveles de compromiso y llevó a Zappos a ser una de las empresas más admiradas en términos de servicio al cliente y lealtad de marca. Al igual que Marta, que descubrió el poder de la comunidad en el Camino, Hsieh construyó una comunidad de colaboradores felices que estaban dispuestos a dar lo mejor de sí mismos por la empresa.

El liderazgo humanizado no solo es ético, sino también rentable. Richard Boyatzis, en su libro *Resonant Leadership*, argumenta que los líderes que se enfocan en el bienestar emocional de sus colaboradores logran mejores resultados a largo plazo porque fomentan una cultura de lealtad y compromiso. Cuando los colaboradores sienten que su bienestar es una prioridad, están dispuestos a invertir más tiempo y energía en la empresa, lo que se traduce en un aumento de la productividad y de los ingresos (Boyatzis, 2005). Así como Marta avanzó más rápido cuando se sintió apoyada, las empresas que priorizan a sus colaboradores ven un crecimiento económico más rápido y sostenido.

Ventaja competitiva del liderazgo humanizado: cuando Marta miraba en retrospectiva su viaje, se dio cuenta de que no eran los días fáciles los que la definieron, sino los momentos en los que había sido desafiada y ayudada por otros. En los momentos más difíciles, fue la solidaridad y el apoyo lo que le permitió seguir adelante. En el mundo empresarial, las empresas que adoptan un liderazgo humanizado tienen una ventaja competitiva similar. No son solo los buenos tiempos los que determinan el éxito de una empresa, sino cómo se enfrentan los desafíos con un enfoque centrado en las personas.

Las organizaciones que adoptan un liderazgo basado en la empatía, el respeto y el apoyo mutuo no solo crean mejores lugares para trabajar, sino que también desarrollan una ventaja competitiva significativa en el mercado. Simon Sinek, en su libro *Start With Why*, destaca que las empresas que alinean sus valores con los de sus colaboradores no solo retienen mejor talento, sino que también logran una mayor lealtad por parte de sus clientes (Sinek, 2009). Tal como Marta sintió que formaba parte de algo más grande en el Camino, los colaboradores que se sienten parte de una misión compartida están más comprometidos y motivados.

Además, las empresas que practican el liderazgo humanizado son más resilientes en tiempos de crisis. Amy Edmondson, en su investigación sobre seguridad psicológica, explica que las organizaciones en las que los colaboradores se sienten seguros para compartir sus ideas y preocupaciones son más innovadoras y capaces de adaptarse a los cambios del mercado. Cuando los colaboradores saben que sus líderes los respaldan, están dispuestos a tomar riesgos calculados y a colaborar de manera más efectiva (Edmondson, 2018). Así como Marta se apoyó en otros peregrinos para superar los momentos difíciles, las empresas que fomentan el apoyo mutuo son más fuertes y capaces de enfrentar la incertidumbre.

Un caso claro de esta ventaja competitiva es Patagonia, una empresa que ha construido su éxito no solo en la calidad de sus productos, sino en su compromiso con el bienestar de sus colaboradores y el medio ambiente. Yvon Chouinard, su fundador, ha demostrado que es posible tener éxito financiero mientras se mantiene un enfoque ético y humanizado. Al igual que Marta, que descubrió el poder de caminar en comunidad, las empresas que valoran a las personas como su mayor activo encuentran que su éxito está profundamente conectado con el bienestar de sus colaboradores.

Howard Schultz, ex CEO de Starbucks, también entendió la importancia de cuidar a los colaboradores para obtener una ventaja competitiva. Bajo su liderazgo, Starbucks ofreció beneficios como seguro de salud y programas de bienestar incluso para los colaboradores de medio tiempo. Esta decisión no solo mejoró la lealtad interna, sino que también fortaleció la reputación de la marca. Al igual que los peregrinos que ayudaron a Marta, Starbucks creó una comunidad donde cada persona se sentía valorada y respaldada, lo que resultó en un éxito financiero y cultural a nivel global.

El viaje de Marta en el Camino de Santiago refleja las lecciones más profundas que el liderazgo puede ofrecer: la compasión y el apoyo humano son esenciales para superar los desafíos. Así como Marta fue capaz de seguir adelante gracias a la solidaridad de otros peregrinos, los líderes que ponen la humanidad y la compasión en el centro de sus acciones construyen equipos más fuertes, comprometidos y resilientes. Este enfoque no solo impulsa el bienestar y la cohesión, sino que también genera resultados sostenibles para las organizaciones.

La humanidad en el liderazgo, tal como se muestra a través de estudios de autores como Brené Brown, Daniel Goleman y Richard Boyatzis, es una herramienta poderosa para fomentar culturas empresariales más sanas y productivas. Las empresas que adoptan estos principios logran un equilibrio entre el rendimiento y el bienestar, creando un impacto profundo en sus colaboradores y en la sociedad.

Tal como Marta lo experimentó en su camino, la clave para un liderazgo efectivo no está solo en llegar a la meta, sino en cómo se cuida y acompaña a quienes caminan a nuestro lado. Este es el verdadero poder de la humanidad en el liderazgo: trascender los desafíos y dejar huella en cada paso del camino.

Siete actividades para fomentar la Humanidad

1. Implementación de la escucha activa: es fundamental en cualquier tipo de liderazgo, pero en el liderazgo humanizado adquiere una importancia aún mayor. Se trata de captar no solo las palabras de los colaboradores, sino las emociones, intenciones y subtextos detrás de ellas. Un líder que escucha activamente se asegura de comprender los problemas y preocupaciones de su equipo, lo que le permite tomar decisiones más informadas y empáticas.

Para implementar la escucha activa, los líderes deben crear un entorno donde los colaboradores se sientan cómodos para expresar sus opiniones. Esto puede lograrse mediante reuniones regulares, encuestas de retroalimentación, y diálogos abiertos. Los líderes deben hacer preguntas reflexivas, resumir lo que escuchan para confirmar la comprensión, y demostrar que están comprometidos con resolver los problemas planteados.

El resultado de una escucha activa efectiva es un equipo más cohesionado, en el que cada colaborador siente que sus ideas y preocupaciones son tomadas en serio. Esta dinámica además de fortalecer la confianza, también mejora la toma de decisiones colectivas y la capacidad de innovación dentro de la organización. Cuando los colaboradores se sienten escuchados, se comprometen más con los objetivos organizacionales.

2. Desarrollo de la compasión organizacional: la compasión organizacional se refiere a la habilidad del líder para identificar el sufrimiento de los colaboradores y tomar medidas para aliviarlo. Este enfoque no solo se limita a la empatía, sino que implica actuar para mejorar la situación. Un líder compasivo crea un entorno en el que los colaboradores se sienten seguros para expresar sus emociones y vulnerabilidades, lo que refuerza la confianza en el equipo.

Desarrollar compasión dentro de una organización requiere establecer políticas que promuevan el bienestar emocional, como programas de apoyo psicológico o jornadas laborales flexibles. Los líderes deben estar atentos a los momentos en los que los colaboradores enfrentan dificultades personales o profesionales, para brindarles el apoyo necesario, ya sea a través de un simple gesto de amabilidad o recursos tangibles.

Esta práctica no solo mejora el bienestar individual, sino que también fortalece la cultura organizacional. Los colaboradores que experimentan compasión en su lugar de trabajo tienden a estar más comprometidos, lo que se traduce en un aumento de la productividad y la cohesión del equipo. El impacto en la organización es significativo, ya que un equipo que se siente respaldado es capaz de enfrentar desafíos con mayor resiliencia.

3. Fomento del desarrollo integral: el desarrollo integral de los colaboradores implica un enfoque holístico que abarca tanto el crecimiento profesional como el personal. Los líderes que valoran la humanidad entienden que un colaborador no es solo una fuente de habilidades técnicas, sino una persona con aspiraciones, emociones y necesidades diversas. Fomentar el desarrollo integral es clave para mantener la motivación y el compromiso a largo plazo.

Para implementar esta estrategia, los líderes deben ofrecer oportunidades de capacitación continua, mentoría y desarrollo personal. Es importante que los programas se adapten a las necesidades individuales de cada colaborador, permitiéndoles no solo mejorar sus habilidades técnicas, sino también explorar áreas de interés personal. Esto fomenta una sensación de logro y satisfacción en el trabajo.

Además, el desarrollo integral promueve un sentido de equilibrio en la vida de los colaboradores, lo que reduce el agotamiento y mejora la retención de talento. Cuando los colaboradores sienten que están creciendo tanto a nivel personal como profesional, su nivel de compromiso aumenta, y esto tiene un impacto directo en la productividad y la capacidad de la organización para innovar.

4. Creación de entornos de confianza psicológica: la confianza psicológica es un concepto clave en el liderazgo humano. Se refiere a la creación de un ambiente en el que los colaboradores se sienten seguros para expresar sus opiniones, compartir sus errores y ofrecer retroalimentación sin temor a represalias. Un entorno de confianza psicológica no solo mejora la comunicación, sino que también fomenta la innovación.

Los líderes que construyen entornos de confianza psicológica lo hacen a través de acciones coherentes y transparentes. Al reconocer sus propios errores y modelar la apertura, demuestran que el error es parte del proceso de aprendizaje. Además, deben establecer sistemas de retroalimentación a través de los cuales los colaboradores puedan expresar sus ideas de manera abierta y honesta.

La confianza psicológica también impulsa la creatividad dentro del equipo. Cuando los colaboradores no tienen miedo de compartir sus pensamientos y probar nuevas ideas, la organización se beneficia de un flujo constante de innovación. Además, la confianza mejora la cohesión del equipo y reduce los conflictos internos, lo que crea un ambiente más productivo y armonioso.

5. Incorporación de la vulnerabilidad como estrategia: mostrar vulnerabilidad como líder es una estrategia poderosa para generar confianza y conexión emocional en el equipo. La vulnerabilidad no implica debilidad, sino autenticidad. Los líderes que son transparentes sobre sus desafíos y errores permiten que los colaboradores se sientan cómodos al ser ellos mismos, lo que refuerza una cultura de honestidad y apertura.

Para incorporar la vulnerabilidad, los líderes deben compartir sus experiencias personales y profesionales, especialmente cuando enfrentan dificultades. Esto además de humanizar al líder, también facilita un entorno en el que los colaboradores pueden pedir ayuda o expresar sus preocupaciones sin miedo a ser juzgados.

La vulnerabilidad también fomenta una mayor cohesión en el equipo, ya que los colaboradores se sienten más conectados emocionalmente con sus líderes. Esta conexión mejora la colaboración y refuerza el compromiso con los objetivos compartidos. Además, la vulnerabilidad fomenta la cultura de aprendizaje, y en ella los errores se ven como oportunidades para crecer y mejorar colectivamente.

6. Reconocimiento estratégico del desempeño: el reconocimiento regular y estratégico del desempeño es una herramienta crucial en el liderazgo humanizado. No se trata solo de recompensar los resultados, sino de valorar el esfuerzo continuo y el progreso. El reconocimiento debe ser específico y basado en el mérito, destacando tanto los logros individuales como los esfuerzos colectivos.

Implementar un sistema de reconocimiento requiere que los líderes sean conscientes de los pequeños avances, no solo de los grandes éxitos. Reconocer públicamente los logros en reuniones o proporcionar incentivos personalizados son formas efectivas de reforzar el comportamiento positivo y fomentar una cultura de alta motivación.

Este tipo de reconocimiento también impacta en la retención de talento. Los colaboradores que se sienten valorados tienden a ser más leales a la organización y están más dispuestos a asumir nuevas responsabilidades. Además, una cultura de reconocimiento mejora el clima laboral, ya que los colaboradores se sienten inspirados a dar lo mejor de sí mismos en su trabajo diario.

7. Promoción del bienestar holístico: el bienestar integral de los colaboradores es esencial para el éxito de una organización que practica un liderazgo humano. Esto implica promover un equilibrio saludable entre la vida personal y profesional, así como proporcionar recursos que apoyen tanto la salud física como la emocional de los colaboradores. Los líderes deben garantizar que el bienestar sea parte central de la cultura organizacional.

Para implementar esta estrategia, las organizaciones pueden ofrecer horarios de trabajo flexibles, programas de salud mental, actividades de bienestar físico y días de descanso para la salud emocional. Estas iniciativas mejoran la moral del equipo y reducen el ausentismo, lo que a su vez impacta positivamente en la productividad.

El bienestar integral no solo beneficia a los colaboradores, sino también a la organización. Colaboradores sanos y equilibrados son más eficientes y creativos, lo que contribuye al éxito a largo plazo de la empresa. Además, las empresas que promueven el bienestar atraen y retienen a los mejores talentos, fortaleciendo su posición competitiva en el mercado.

La historia de Marta en el Camino de Santiago nos deja una enseñanza profunda sobre el liderazgo basado en la humanidad. A través de su experiencia, aprendemos que se nutre de la conexión entre las personas, de la capacidad de empatizar y de la acción compasiva en los momentos de dificultad. En el caso de Marta la compasión de otros peregrinos no solo le permitió superar un momento de crisis, sino que transformó su visión de lo que significa ser parte de una comunidad. Del mismo modo, en las organizaciones, cuando los líderes colocan la humanidad en el centro de sus decisiones, crean espacios en los que los colaboradores se sienten comprendidos, apoyados y motivados a dar lo mejor de sí mismos.

Al adoptar un enfoque de liderazgo humano, las organizaciones no solo mejoran la moral y la satisfacción de sus colaboradores, sino que también ven un impacto directo en sus resultados. Empresas como Patagonia, Zappos y Southwest Airlines son claros ejemplos de cómo el liderazgo compasivo puede traducirse en beneficios tangibles. Estas organizaciones no solo han experimentado un aumento en la productividad y la innovación, sino que también han cultivado equipos más resilientes y comprometidos, capaces de enfrentar los desafíos con una actitud positiva y colaborativa. Los líderes que integran la compasión, la escucha activa y el reconocimiento estratégico en sus estrategias logran transformar la cultura organizacional de manera duradera.

Ahora, te invito a continuar este viaje hacia el aprendizaje número dos: Unidad. La unidad es un valor esencial para el éxito de cualquier equipo. Trabajar juntos con un propósito compartido fortalece los lazos entre los colaboradores y permite superar obstáculos que, de otra manera, serían imposibles de afrontar individualmente. Acompáñame a descubrir cómo la unidad puede transformar no solo el liderazgo, sino también los resultados y la cohesión dentro de las organizaciones. ¡El próximo capítulo te mostrará cómo esta fuerza colectiva es clave para el liderazgo moderno!

Aprendizaje No. 1 - Humanidad

Una cena comunitaria en el albergue parroquial de Logroño, donde cada plato compartido y cada risa intercambiada fortalecen nuestros lazos humanos, mostrando que el Camino es también un viaje del corazón.

Por tradición, a los 10 primeros peregrinos que llegan a reclamar su compostela en Santiago se les invita a un almuerzo especial. Un gran mérito considerando los más de 3000 peregrinos que diariamente alcanzan esta meta, reflejando la dedicación y espíritu de quienes emprendemos este sagrado recorrido.

Capítulo 2

Unidad: Vínculos en el camino

Gabriel Silva, de 52 años, era un hombre de mirada seria y un porte tranquilo. Nacido en Lisboa, Portugal, había crecido en una familia trabajadora. Su padre, Antonio, había sido carpintero, y su madre, Maria, ama de casa. Desde pequeño, Gabriel había aprendido a valorar el esfuerzo y la dedicación, viendo a su padre trabajar largas horas con las manos endurecidas por la madera, y a su madre mantener el hogar con una energía inagotable. Aunque la vida no siempre había sido fácil, los valores de trabajo duro y unidad familiar estaban profundamente arraigados en Gabriel. Su infancia fue sencilla y feliz, rodeado de las historias que su padre contaba sobre los días en los que construía muebles para las iglesias locales y el olor a pan fresco que su madre horneaba cada domingo.

Con el tiempo, Gabriel siguió un camino diferente al de su padre. Estudió ingeniería en la Universidad de Lisboa y rápidamente ascendió en el mundo corporativo. A lo largo de su carrera se convirtió en un líder respetado, conocido por su enfoque lógico y su capacidad para resolver problemas complejos. Sin embargo, sentía que le faltaba algo, una conexión más profunda con las personas que lo rodeaban. Estaba casado con Ana, una profesora de historia, con quien compartía una relación estable pero marcada por la rutina. Tenían dos hijos, João, de 22 años, estudiante de arquitectura, y Sofia, de 18, que acababa de entrar a la universidad para estudiar Artes. Gabriel amaba a su familia, pero siempre había priorizado su carrera y ahora, en esta etapa de su vida, sentía una desconexión que no sabía cómo reparar.

El Camino de Santiago llegó a su vida como una sugerencia de Ana, quien, preocupada por el estrés acumulado que Gabriel llevaba consigo, le propuso la idea de hacer una pausa y reconectar consigo mismo. Un poco escéptico pero intrigado, Gabriel se embarcó en esta travesía. Durante varias semanas caminó reflexionando sobre sus decisiones, sobre su rol como padre, esposo y líder. Y fue en Ponferrada donde todo comenzó a cobrar sentido.

Al llegar a Ponferrada, una ciudad pequeña pero imponente, Gabriel fue recibido por la vista majestuosa del Castillo de los Templarios, una fortaleza que parecía transportar a los peregrinos a otra época. Las gruesas murallas de piedra, con torres elevadas que dominaban el horizonte, reflejaban la historia de defensa y lucha que había caracterizado la ciudad durante siglos. Gabriel se detuvo un momento frente al castillo, admirando su grandeza y sintiendo una mezcla de respeto y pequeñez. «*¿Cómo es posible que estas piedras hayan resistido el paso del tiempo?*», pensó mientras el viento cálido de la tarde le acariciaba el rostro.

Se dirigió al Albergue San Nicolás de Flüe, uno de los más conocidos en la zona por su sencillez. Dirigido por la parroquia de Nuestra Señora de la Encina, se caracteriza por su hospitalidad religiosa. Este albergue se encuentra a la entrada de Ponferrada, a unos 250 metros del Camino y 400 metros del centro, lo que lo convierte en una parada muy popular para los peregrinos del Camino Francés. Su estructura incluye dos edificios principales: el propio albergue y la capilla del Carmen, una iglesia barroca del siglo XVII donde se ofrecen misas y bendiciones del peregrino.

Este Albergue San Nicolás ofrece un ambiente de serenidad y comunión espiritual, en el que los peregrinos encuentran un espacio para el descanso físico, pero lo más importante, para la reflexión personal y la conexión con los demás. Durante los meses de verano, la Comunidad de Franciscanos Conventuales organiza oraciones y bendiciones diarias, creando una atmósfera profundamente espiritual que invita a la meditación y al recogimiento. Este albergue es conocido por su enfoque en proporcionar una experiencia de paz interior a través de la hospitalidad religiosa.

El albergue cuenta con una variedad de servicios básicos, como duchas bien equipadas, lavadoras y secadoras que facilitan la vida de los peregrinos tras largas jornadas de caminata. La cocina de uso libre es otro espacio fundamental, en donde los peregrinos suelen preparar y compartir comidas sencillas, fomentando el compañerismo y la solidaridad. La experiencia va más allá de lo práctico, permitiendo que las personas interactúen y compartan sus historias y vivencias a lo largo del Camino.

Uno de los aspectos más encantadores del albergue es su patio exterior. El jardín, cuidadosamente diseñado, está lleno de rosales que florecen con una variedad de colores, desde el rojo vibrante hasta el amarillo suave y el blanco puro. Estos rosales rodean un césped verde y bien cuidado, en cuyo centro se alza un majestuoso pino de cinco metros de altura. Este pino, robusto y de corteza oscura, se convierte en el centro simbólico del espacio ofreciendo sombra y un punto de reunión natural para los peregrinos. Bajo sus ramas, se erige una torre de piedra adornada con la icónica concha de vieira, símbolo del Camino de Santiago que sirve de recordatorio para los caminantes del propósito de su travesía.

La terraza cubierta, ubicada junto al jardín, está adornada con una parra cuyas hojas verdes se despliegan como un techo natural, proporcionando un resguardo fresco y acogedor. Es en este espacio donde los peregrinos suelen congregarse al final del día, intercambiando historias de sus jornadas o disfrutando del silencio y la compañía de otros en un entorno tranquilo y seguro. Las vistas al jardín, el susurro del viento entre las hojas de la parra y el suave sonido de las campanas de la iglesia cercana crean una atmósfera de paz que facilita el descanso y la reflexión.

Las habitaciones del albergue, distribuidas en varias plantas, son sencillas y a la vez confortables. Con dormitorios que van desde cuatro hasta ocho camas, y salones adicionales con hasta treinta y cinco camas en épocas de alta demanda, cada espacio está diseñado para ofrecer un refugio acogedor a los peregrinos. Los hospitaleros voluntarios, siempre atentos y acogedores, añaden una calidez especial al lugar, asegurándose de que cada peregrino se sienta bienvenido y parte de una comunidad.

Gabriel fue recibido por una voluntaria local que le asignó su cama y le invitó a unirse a la cena comunitaria que se celebraría esa noche en el comedor del albergue. El comedor era una gran sala con mesas largas de madera, iluminada por la suave luz de lámparas colgantes y una chimenea que crepitaba en la esquina. Los bancos de madera, aunque algo duros, ofrecían un espacio donde los peregrinos podían sentarse, compartir una comida y contar sus historias. Al ser recibido por los hospitaleros voluntarios, sintió una conexión especial. Además de ofrecerle una cama en uno de los dormitorios compartidos, también lo invitaron a una cena comunitaria y a la oración de la noche en la capilla del Carmen, una pequeña iglesia barroca del siglo XVII que se encontraba justo al lado del albergue.

Esa noche, Gabriel conoció a Martín, un joven español de unos 28 años, con una energía desbordante y una sonrisa contagiosa. Martín había estado caminando el Camino durante casi un mes y había hecho amigos en cada lugar que había pisado. Su entusiasmo por la vida era palpable, y pronto sugirió que, en lugar de esperar la comida preparada por el albergue, cada peregrino contribuyera con algo de su mochila para hacer una sopa colectiva. Gabriel, acostumbrado a la estructura y planificación en su trabajo, se mostró escéptico al principio, pero decidió participar.

Mientras la sopa se cocinaba, Gabriel observaba a los demás peregrinos con una mezcla de curiosidad y reflexión. Algunos ofrecían pequeñas cantidades de arroz, otros compartían especias o trozos de pan, y aunque al principio todo parecía desordenado, pronto el aroma de la sopa empezó a llenar el albergue. Era un reflejo perfecto de lo que estaba sucediendo en ese momento: personas de diferentes partes del mundo, con historias y experiencias diversas, unían sus fuerzas para crear algo más grande de lo que cualquiera de ellos podría haber logrado solo.

El Albergue San Nicolás de Flüe no era solo un lugar donde descansar, también era un espacio en el que la comunidad se sentía tangible. Las paredes de piedra, desgastadas por los años, parecían haber sido testigos de miles de peregrinos que, como Gabriel, habían llegado en busca de respuestas. La madera crujía bajo los pies mientras los peregrinos se movían por el lugar, y el suave sonido de la lluvia golpeando las ventanas del albergue ofrecía una sensación de calma. A lo lejos, el campanario de la iglesia local marcaba la hora, recordándole a Gabriel lo lejos que estaba de su vida cotidiana en Lisboa.

Mientras compartían la cena, Gabriel sintió una conexión que no había experimentado en mucho tiempo. Este viaje, además de enseñarle el valor de compartir el esfuerzo, también le dejó lecciones sobre cómo abrazar las diferencias. No era solo la comida lo que unía a este grupo de desconocidos, sino la experiencia compartida, el esfuerzo colectivo de caminar cientos de kilómetros, y el simple hecho de que, en ese momento, todos estaban juntos en la misma mesa, en el mismo camino. Gabriel, que siempre había sido el líder en su trabajo, se dio cuenta de que aquí no importaba su título ni su experiencia profesional. Lo que importaba era el acto de compartir, de ser parte de un todo.

Esa noche, después de la cena, mientras los peregrinos continuaban compartiendo historias alrededor de la chimenea, Gabriel se retiró a su litera. Las mantas gruesas y el suave calor que llenaba la habitación lo envolvieron mientras cerraba los ojos. Mientras se quedaba dormido, pensaba en lo mucho que había aprendido ese día sobre la Unidad: cómo, al igual que los ingredientes en la sopa, cada persona en un equipo tiene algo valioso que aportar, y cómo el verdadero liderazgo no consiste en controlar cada detalle, sino en crear el espacio para que todos contribuyan. Gabriel entendió que, al regresar a Lisboa, tenía que llevar esta lección consigo. No solo quería ser un líder más eficiente, también quería crear una verdadera comunidad, tanto en su familia como en su trabajo.

La mañana siguiente, Gabriel se despertó con el suave sonido de las campanas del Albergue San Nicolás de Flüe, llamando a los peregrinos a la oración de la mañana en la capilla del Carmen. El sol apenas despuntaba en el horizonte, proyectando una luz dorada sobre los techos de tejas rojas del albergue. El aire estaba fresco, con el aroma de la tierra mojada por la lluvia nocturna. Al salir de su habitación, Gabriel respiró profundamente y sintió una paz interior que hacía tiempo no experimentaba. Caminó hacia la capilla, donde ya se reunían algunos peregrinos. Aunque no era un hombre religioso, sintió la necesidad de agradecer, no solo por el refugio físico que había encontrado en Ponferrada, sino por las lecciones de vida que el Camino le estaba regalando.

Más tarde, cuando la mayoría de los peregrinos se preparaban para continuar su viaje, Gabriel decidió quedarse un poco más en Ponferrada. Sentía que necesitaba más tiempo para asimilar lo que había vivido, para entender completamente las lecciones que el Camino le estaba ofreciendo. Pasó la tarde caminando por la ciudad, visitando el Castillo de los Templarios y reflexionando sobre su vida en Lisboa. Mientras recorría el imponente puente que conducía al castillo, se dio cuenta de la importancia de los puentes en su vida: no solo los físicos, como ese que lo llevaba a la fortaleza, sino los emocionales y sociales que había dejado de construir o que, con el tiempo, se habían debilitado.

En su vida había pocos puentes, porque había desatendido las relaciones cercanas, especialmente con su familia y su equipo de trabajo. Gabriel se comprometió a no solo reconstruir esos puentes, sino a asegurarse de que fueran fuertes y duraderos, tal como las piedras que habían sostenido el castillo durante siglos. Reflexionó sobre cómo el liderazgo no consiste en ser el más fuerte o el más sabio, sino en conectar, en unir a las personas hacia un objetivo común. Este viaje, además de enseñarle el valor de la unidad, también le mostró que las relaciones son el verdadero puente que sostiene tanto la vida personal como profesional.

Al final del día, sentado en una de las torres del castillo, Gabriel observó la ciudad de Ponferrada a sus pies. Sabía que, cuando regresara a Lisboa, no volvería a ser el mismo hombre. Tenía un nuevo propósito: ser un líder que construye puentes, que fomentaría la unidad en su equipo y en su familia. Había aprendido que el verdadero éxito no se mide solo por los logros individuales, sino por la capacidad de generar un sentido de comunidad y pertenencia en todos los aspectos de la vida. Gabriel cerró los ojos y, por primera vez en mucho tiempo, se sintió en paz.

Unidad y liderazgo

Durante su experiencia en el Camino de Santiago, Gabriel aprendió una lección clave sobre la unidad: la fortaleza de un grupo no radica únicamente en los logros individuales, sino en cómo las personas se unen para alcanzar un propósito compartido. De la misma manera, el liderazgo efectivo en cualquier organización depende de la capacidad del líder para fomentar la unidad entre los miembros del equipo. Los líderes que promueven una visión común inspiran a sus equipos a trabajar en conjunto, reconociendo que el éxito colectivo depende de la integración de las habilidades y talentos únicos de cada individuo. Esta visión del liderazgo, como lo experimentó Gabriel, va más allá de la simple colaboración, fomentando una conexión emocional y un propósito compartido entre los miembros del equipo.

La unidad no se trata de imponer la uniformidad, sino de celebrar la diversidad. Gabriel lo vio claramente cuando, en la cena comunitaria, cada peregrino aportó algo diferente para preparar una comida conjunta. Este acto de compartir representa un paralelismo con los equipos empresariales, en el que cada miembro aporta algo único al grupo. En un contexto de liderazgo, aprovechar la diversidad dentro del equipo significa permitir que cada persona contribuya desde sus fortalezas, creando un entorno en el que se integren diferentes perspectivas para un resultado más robusto. Como sugiere Patrick Lencioni en *The Five Dysfunctions of a Team*, los líderes deben alentar a sus equipos a confiar en las habilidades de los demás y a ser vulnerables, permitiendo que surja una verdadera cohesión (Lencioni, 2002).

La capacidad de un líder para fomentar la unidad tiene implicaciones directas en la cultura organizacional. Los estudios de Daniel Goleman sobre inteligencia emocional indican que los equipos que experimentan un liderazgo unificador son más propensos a colaborar de manera efectiva, a resolver conflictos con agilidad y a superar desafíos de forma resiliente. Esta cohesión se traduce en una mayor satisfacción laboral, mejores resultados y mayor innovación, ya que los colaboradores se sienten parte de un todo (Goleman, 1995). En el caso de Gabriel, el proceso de aprender a liderar desde la unidad también implicó comprender que, al igual que en el Camino, no siempre se trata de quién lidera el grupo, sino de cómo se cuida y respalda a los demás para alcanzar el éxito colectivo.

La unidad, en esencia, transforma la dinámica del equipo. Cuando los líderes logran integrar a sus colaboradores en torno a un propósito común, las barreras entre las personas comienzan a desmoronarse. Esto es esencial, especialmente en un mundo empresarial cada vez más globalizado y diverso, en el cual la diferencia de ideas y enfoques puede generar tensiones si no se gestiona adecuadamente. Sin embargo, un líder que promueve la unidad transforma estas diferencias en oportunidades para el crecimiento y la innovación. Gabriel, al experimentar la camaradería entre los peregrinos de distintas partes del mundo, comprendió que la diversidad no solo aporta riqueza, sino que es la base de una unidad genuina y sólida.

La importancia de la diversidad en la unidad: la diversidad de experiencias, antecedentes y perspectivas es un componente esencial de cualquier equipo exitoso. En el caso de Gabriel, la diversidad de los peregrinos con los que compartió su viaje en el Camino de Santiago fue un recordatorio claro de que las personas, aunque diferentes, pueden unirse para alcanzar un objetivo común. En el contexto del liderazgo, la diversidad dentro de los equipos es una ventaja competitiva, siempre y cuando el líder sepa cómo integrarla eficazmente. Los líderes que fomentan la diversidad dentro de sus equipos no solo crean un ambiente más inclusivo, sino que también estimulan la innovación al promover el intercambio de ideas desde múltiples puntos de vista.

La literatura sobre liderazgo ha destacado la importancia de la diversidad en el rendimiento de los equipos. Simon Sinek, en su teoría sobre el liderazgo inspiracional, explica que los equipos más efectivos son aquellos que, además de estar cohesionados, son capaces de integrar las diferencias individuales en un propósito compartido. Según Sinek, un equipo diverso aporta una amplia gama de soluciones a los problemas, y los líderes deben aprovechar estas diferencias para enriquecer la toma de decisiones (Sinek, 2009). En la historia de Gabriel, él mismo observó cómo cada peregrino, a pesar de tener distintas procedencias y realidades, aportaba algo valioso para el bien común. Este es el tipo de diversidad que los líderes deben fomentar en sus organizaciones.

Un estudio realizado por McKinsey & Company también respalda esta idea al demostrar que las empresas con equipos diversos tienen un 21% más de probabilidades de ser rentables que aquellas con equipos homogéneos. Los líderes que reconocen el valor de la diversidad no solo promueven la inclusión, sino que también estimulan un pensamiento más creativo y adaptable dentro de sus organizaciones. La diversidad bien gestionada, no es una barrera para la unidad, sino un factor clave que fortalece el equipo y lo prepara para enfrentar los desafíos con mayor éxito.

El desafío para los líderes, como lo experimentó Gabriel, es aprender a integrar las diferencias y convertirlas en fortalezas. Al igual que la sopa comunitaria del albergue, en la cual cada ingrediente aportado por los peregrinos añadía un sabor único al conjunto, los equipos diversos pueden alcanzar un rendimiento superior cuando cada miembro se siente valorado y escuchado. La tarea del líder es, pues, crear un entorno en el que cada individuo tenga el espacio para aportar desde sus fortalezas y se fomente un sentido profundo de comunidad y propósito compartido.

Liderazgo inclusivo: se refiere a la capacidad de un líder para comprometer activamente a todos los miembros del equipo en la toma de decisiones de acuerdo con su nivel, el desarrollo de proyectos y la resolución de problemas. Para Gabriel, esta lección se hizo evidente en el albergue de Ponferrada, en donde cada peregrino, sin importar su origen o experiencia, contribuyó al bienestar del grupo. En el mundo empresarial, los líderes inclusivos promueven una cultura en la que cada persona, independientemente de su posición o nivel jerárquico, se siente valorada y tiene la oportunidad de contribuir al éxito del equipo.

Brené Brown, autora de *Dare to Lead*, argumenta que el liderazgo inclusivo requiere vulnerabilidad, empatía y un compromiso genuino con el bienestar de los colaboradores. Los líderes que practican la inclusión no solo permiten que las diferencias individuales salgan a la luz, sino que crean espacios en los cuales esas diferencias se convierten en la fuente de la fortaleza del equipo (Brown, 2018). En el caso de Gabriel, el hecho de que todos los peregrinos, desde un joven español hasta una mujer japonesa, pudieran contribuir a la cena comunitaria fue un recordatorio de que el liderazgo inclusivo se trata de permitir que todos tengan un papel activo en la creación del éxito común.

En un estudio realizado por Harvard Business Review, se encontró que los líderes inclusivos generan un 29% más de colaboración dentro de sus equipos, y que los empleados que trabajan bajo líderes inclusivos tienen un 39% más de probabilidades de sentirse comprometidos con su trabajo. Esto demuestra que el liderazgo inclusivo además de mejorar el rendimiento individual, también fomenta la cohesión y la unidad dentro del equipo. Para Gabriel, el liderazgo inclusivo se reflejaba en el simple acto de compartir una comida, donde cada persona tenía un rol importante y contribuyó al bienestar del grupo.

El liderazgo inclusivo no es solo una estrategia para mejorar el rendimiento; es una forma de transformar la cultura organizacional. Al igual que Gabriel aprendió a valorar las diferencias en el Camino de Santiago, los líderes inclusivos crean una cultura de respeto y colaboración, en la que todos los miembros del equipo se sienten escuchados y valorados. Este tipo de liderazgo no solo mejora el bienestar de los colaboradores, sino que también fortalece la unidad del equipo, generando un ambiente en el que todos pueden prosperar y crecer.

Impacto de la unidad en los resultados organizacionales: la unidad no solo es un valor humano profundo, sino que también tiene implicaciones directas en los resultados financieros de las organizaciones. En el caso de Gabriel, su experiencia en el Camino de Santiago le enseñó que la unidad y la colaboración no solo son importantes para mantener la cohesión del grupo, sino también para lograr los objetivos de manera eficiente. En el mundo empresarial, este principio es igualmente válido: los equipos que trabajan unidos son más productivos, innovadores y resilientes ante los desafíos.

Daniel Goleman, en su trabajo sobre inteligencia emocional en el liderazgo, explica que los líderes que fomentan la unidad dentro de sus equipos crean un ambiente en el que los colaboradores se sienten seguros, apoyados y comprometidos. Esta seguridad psicológica permite a los empleados tomar riesgos, innovar y superar los obstáculos con mayor facilidad (Goleman, 1995). En la experiencia de Gabriel, el apoyo mutuo entre los peregrinos fue lo que permitió que el grupo continuara avanzando, incluso en los momentos más difíciles. Este mismo principio se aplica en las organizaciones, en las que la unidad fomenta un sentido de pertenencia y compromiso que impulsan el rendimiento.

Estudios realizados por Harvard Business Review demuestran que los equipos con altos niveles de unidad y cohesión son un 50% más productivos que aquellos en los que prevalece la desconexión. Además, las empresas con líderes que promueven la unidad entre sus colaboradores experimentan una mejora significativa en su fidelización de talento, lo que reduce los costos asociados a la rotación del personal y aumenta la satisfacción laboral. Este fue un aprendizaje profundo para Gabriel, quien comprendió que, al regresar a Lisboa, debía poner más énfasis en construir una cultura de unidad en su equipo de trabajo.

El impacto financiero de la unidad dentro de una organización también se traduce en una mayor innovación. Los líderes que fomentan un entorno en el cual las diferencias son valoradas y las opiniones son respetadas impulsan la creatividad y la resolución de problemas. Richard Boyatzis, en su investigación sobre liderazgo resonante, argumenta que la cohesión en los equipos no solo mejora el bienestar de los colaboradores, sino que también impulsa la productividad y el éxito organizacional a largo plazo (Boyatzis, 2005). Para Gabriel, el paralelismo entre la unidad en el Camino y la unidad en el liderazgo fue revelador: un equipo cohesionado es más fuerte y más capaz de superar desafíos, lo que a su vez impulsa el crecimiento y la sostenibilidad de la organización.

Unidad y resiliencia organizacional: la unidad no solo es clave para la productividad, sino también para la resiliencia organizacional. En el Camino, Gabriel vio de primera mano cómo los peregrinos se apoyaban mutuamente en los momentos más difíciles, desde compartir una comida hasta ayudar en la recuperación de las pertenencias perdidas. En las organizaciones, la capacidad de un equipo para unirse en tiempos de crisis es crucial para la supervivencia y el éxito a largo plazo. Los líderes que fomentan la unidad preparan a sus equipos para enfrentar situaciones difíciles con una mentalidad de colaboración y apoyo mutuo.

Un estudio realizado por McKinsey señala que las empresas con equipos cohesionados son más ágiles y están mejor equipadas para adaptarse a los cambios disruptivos del mercado. La resiliencia organizacional depende en gran medida de la capacidad del equipo para mantener la unidad en tiempos de incertidumbre. Al igual que en el Camino de Santiago, donde los peregrinos enfrentan desafíos físicos y emocionales, los equipos en las organizaciones modernas enfrentan obstáculos que requieren un liderazgo que inspire confianza, solidaridad y apoyo mutuo.

Gabriel aprendió que el liderazgo no se trata de evitar los desafíos, sino de crear un entorno en el que todos puedan superarlos juntos. En el albergue de Ponferrada, la colaboración entre los peregrinos no solo les permitió disfrutar de una comida compartida, sino que también les dio la energía y la fuerza para continuar su viaje. Este mismo principio se aplica en las organizaciones: los líderes que construyen equipos resilientes a través de la unidad logran crear una cultura en la que las personas no solo sobreviven a las crisis, sino que prosperan.

Finalmente, el liderazgo desde la unidad es clave para la sostenibilidad a largo plazo. Las empresas que promueven la unidad no solo son más productivas y resilientes, sino que también son capaces de crear un impacto duradero. Según Simon Sinek, los líderes que inspiran unidad y propósito compartido son aquellos que logran mantener el compromiso y la motivación de sus colaboradores, lo que a su vez impulsa el crecimiento sostenible de la organización (Sinek, 2009). Gabriel entendió que, al igual que en el Camino, su éxito como líder no dependía solo de su habilidad para tomar decisiones, sino de su capacidad para crear un equipo unido, en el cual cada miembro pudiera alcanzar su máximo potencial.

La experiencia de Gabriel en el Camino de Santiago revela el poder de la unidad como un principio fundamental en el liderazgo. A lo largo de su travesía, Gabriel comprendió que la unidad no solo consiste en colaborar con otros, sino en valorar las diferencias individuales y reconocer que cada miembro del equipo tiene algo único que aportar. Este aprendizaje es clave en el liderazgo efectivo, ese en que los líderes deben enfocarse en crear un entorno en el que la diversidad se integre para alcanzar un objetivo común, tal como lo plantean autores como Simon Sinek y Patrick Lencioni en sus teorías sobre cohesión y propósito compartido.

Además, la unidad tiene un impacto directo en la productividad y la resiliencia organizacional. Equipos cohesionados no solo trabajan mejor juntos, sino que también son más ágiles y capaces de enfrentar desafíos. Según estudios de Harvard Business Review y McKinsey, las organizaciones con una cultura de unidad son más productivas, innovadoras y capaces de adaptarse a los cambios disruptivos del mercado. Gabriel experimentó cómo el apoyo mutuo entre los peregrinos le permitió continuar su viaje, una metáfora clara de cómo los equipos pueden superar obstáculos cuando existe una verdadera conexión y sentido de comunidad.

Finalmente, el liderazgo basado en la unidad es esencial para la sostenibilidad a largo plazo de las organizaciones. Líderes que fomentan la unidad y el propósito compartido logran mantener el compromiso y la motivación de sus colaboradores, lo que impulsa el crecimiento y el éxito continuo. Al igual que Gabriel aprendió en el Camino, el liderazgo efectivo no se trata de controlar todos los aspectos del trabajo, sino de permitir que los demás contribuyan desde su autenticidad, creando un equipo en el que cada miembro se sienta valorado y respaldado.

Siete actividades para fomentar la Unidad

1. Fomentar la comunicación abierta y transparente: la comunicación abierta es la base de cualquier equipo exitoso, y su relevancia en la construcción de unidad no puede subestimarse. En un entorno laboral en el que los colaboradores sienten que pueden expresar sus opiniones, ideas y preocupaciones sin miedo a represalias, se crea un clima de confianza que promueve el trabajo conjunto. La transparencia no solo facilita el entendimiento mutuo, sino que también previene malentendidos que podrían derivar en conflictos internos. Esta práctica es esencial para evitar divisiones y fomentar un ambiente inclusivo y colaborativo.

La comunicación abierta también implica que los líderes compartan información importante con regularidad y sin reservas. Esto incluye actualizaciones sobre los objetivos del equipo, cambios en la dirección estratégica de la organización, o cualquier otra información que afecte directamente al equipo. Un líder que es transparente genera mayor confianza entre sus colaboradores, ya que demuestra que no tiene nada que ocultar y que valora la inclusión de todos en los procesos de toma de decisiones.

Además, la comunicación abierta es un catalizador para la innovación, ya que permite que las ideas fluyan libremente y sean debatidas constructivamente. Un equipo en el cual cada miembro se siente escuchado tiene más probabilidades de aportar soluciones creativas y nuevas perspectivas, lo que en última instancia mejora el rendimiento y la cohesión del equipo.

2. Establecer propósitos comunes: los equipos más fuertes son aquellos que tienen un propósito claro y compartido que guía su trabajo diario. Cuando cada miembro entiende cómo sus esfuerzos individuales contribuyen al éxito colectivo, se genera una conexión más profunda con el equipo y la organización. Un propósito común unifica a los colaboradores al proporcionarles una razón compartida para esforzarse, más allá de los objetivos individuales.

Un líder eficaz debe articular de manera clara y constante cuál es el propósito del equipo y cómo cada tarea contribuye a alcanzar ese objetivo general. Este enfoque refuerza el sentido de pertenencia y ayuda a alinear las acciones individuales con las metas del equipo. Un propósito bien definido sirve como una brújula para la toma de decisiones.

Al establecer un propósito compartido, los líderes deben ir más allá de los objetivos tangibles. El propósito debe inspirar a los colaboradores, conectar con sus valores y ofrecerles una razón para involucrarse plenamente en su trabajo. Este tipo de propósito, además de ser funcional, crea un compromiso emocional que fomenta la cohesión y refuerza la unidad entre los miembros del equipo.

3. Celebrar la diversidad: la diversidad dentro de un equipo es fundamental para construir una unidad sólida. Las diferencias entre los miembros, ya sean de origen cultural, experiencias, habilidades o perspectivas, no deben verse como obstáculos, sino como recursos valiosos que enriquecen la dinámica del equipo. Un líder que reconoce y celebra estas diferencias ayuda a crear un ambiente donde cada individuo se siente valorado y respetado por lo que aporta.

Promover la diversidad va más allá de aceptar las diferencias, es ante todo crear un espacio en el que estas sean aprovechadas para el bien común. Los equipos diversos suelen ser más innovadores, ya que diferentes perspectivas conducen a soluciones más creativas y enfoques más completos para la resolución de problemas. Los líderes que fomentan la inclusión y valoran la diversidad dentro del equipo fortalecen los lazos entre los colaboradores, lo que se traduce en una mayor cohesión y unidad.

Además, la celebración de la diversidad debe ir acompañada de la implementación de políticas inclusivas que aseguren que todos los colaboradores, independientemente de su origen, género o experiencia, tengan las mismas oportunidades de contribuir y crecer dentro de la organización. Un equipo diverso, bien liderado, no solo es más inclusivo, sino también más fuerte y capaz de afrontar los desafíos con una mentalidad más amplia.

4. Fomentar la colaboración activa: la colaboración activa es esencial para la unidad de un equipo. No se trata solo de trabajar juntos en un proyecto, sino de crear una atmósfera en la que cada miembro del equipo se sienta valorado y comprometido a contribuir desde sus fortalezas. Un líder que fomenta esta dinámica no solo asigna tareas, sino que crea oportunidades para que los colaboradores aprendan unos de otros, compartan sus conocimientos y se apoyen mutuamente en la consecución de los objetivos comunes.

La colaboración activa también requiere un enfoque consciente en la creación de oportunidades para la interacción regular entre los miembros del equipo. Esto puede incluir dinámicas de grupo, proyectos en los que se mezclen diferentes habilidades y experiencias, o sesiones de mentoría cruzada en las cuales los empleados más experimentados trabajen estrechamente con aquellos que recién se integran al equipo. Estas interacciones no solo fortalecen las habilidades del equipo, sino que también fomentan la camaradería y la confianza.

La clave para una colaboración efectiva es asegurarse de que todos los miembros del equipo tengan claras sus responsabilidades y se sientan apoyados. Los líderes deben estar disponibles para brindar orientación y resolver conflictos que puedan surgir, asegurándose de que todos trabajen en un ambiente de apoyo mutuo. Un equipo que colabora activamente se convierte en una unidad cohesiva y eficiente.

5. **Reconocer y celebrar los logros del equipo:** el reconocimiento es una herramienta poderosa para fomentar la unidad en un equipo. Cuando los logros individuales y colectivos son reconocidos públicamente, se refuerza el sentido de pertenencia y compromiso. Celebrar los éxitos del equipo no solo aumenta la moral, sino que también demuestra que el esfuerzo conjunto es valorado y recompensado.

Es importante que el reconocimiento sea tanto formal como informal. Desde un agradecimiento en una reunión hasta un reconocimiento público a través de correos corporativos o eventos especiales, cada forma de reconocimiento contribuye a mantener la motivación alta y refuerza el espíritu de unidad. Los líderes deben asegurarse de que el reconocimiento no se limite a las grandes victorias, sino que también se celebre el progreso continuo y los pequeños logros que contribuyen al éxito final.

Además, las celebraciones colectivas no solo deben centrarse en los resultados, sino también en el proceso y en cómo el equipo ha trabajado unido para superar desafíos. Esta atención al esfuerzo y la colaboración fomenta una mayor solidaridad y fortalece la cohesión interna, lo que permite que los equipos enfrenten futuros retos con mayor confianza.

6. **Incentivar la responsabilidad compartida:** la responsabilidad compartida es un componente clave para construir un equipo unificado y eficiente. Cuando los colaboradores entienden que son responsables no solo de sus tareas individuales, sino también del éxito general del equipo, se crea un sentido de propiedad que motiva a cada uno a dar lo mejor de sí mismo. Los líderes deben promover esta mentalidad de responsabilidad compartida, asignando tareas de manera equitativa y asegurando que cada miembro del equipo comprenda su papel en el contexto más amplio del proyecto.

Una forma de incentivar la responsabilidad compartida es a través de la creación de metas colectivas. Cuando el éxito o el fracaso de un proyecto es responsabilidad de todo el equipo, se fomenta un ambiente de colaboración en lugar de competencia. Los miembros del equipo comienzan a apoyarse entre sí de manera más activa, asegurándose de que todos tengan los recursos y la ayuda necesaria para cumplir con sus responsabilidades.

Fomentar la responsabilidad compartida también ayuda a construir la confianza dentro del equipo. Los colaboradores que sienten que pueden depender de sus compañeros para cumplir con las metas colectivas desarrollan un mayor sentido de lealtad y compromiso hacia el equipo y la organización. Esta dinámica fortalece la cohesión interna y permite que el equipo funcione como una unidad sólida.

7. Promover el desarrollo continuo: el desarrollo continuo no solo es importante para el crecimiento individual de los colaboradores, sino que también es esencial para mejorar la unidad dentro del equipo. Cuando los líderes invierten en el desarrollo de sus empleados, demuestran que valoran su potencial y están comprometidos con su progreso a largo plazo. Esto genera un sentido de reciprocidad y compromiso por parte de los colaboradores, que se sienten motivados a contribuir más plenamente al éxito del equipo.

Ofrecer oportunidades de formación, capacitación y mentoría dentro de la organización no solo aumenta las habilidades y el conocimiento del equipo, sino que también crea un ambiente de aprendizaje continuo. Un equipo que está en constante crecimiento es más adaptable, resiliente y capaz de enfrentar nuevos desafíos. Los líderes deben asegurarse de que todos los miembros del equipo tengan acceso a estas oportunidades y que se fomente un ambiente en el que se valore el aprendizaje.

El desarrollo continuo también fomenta una cultura de colaboración, ya que los miembros del equipo pueden compartir sus nuevas habilidades y conocimientos con sus compañeros.

Esto no solo mejora el rendimiento general del equipo, sino que también refuerza el sentido de unidad y camaradería, ya que todos trabajan juntos hacia el crecimiento colectivo.

Este capítulo sobre la unidad en el liderazgo se entrelaza con la travesía personal de Gabriel, quien a lo largo de su experiencia en el Camino de Santiago descubrió la fuerza que reside en la comunidad y la colaboración. Gabriel, acostumbrado a liderar desde una perspectiva más tradicional y jerárquica, comprendió en Ponferrada que la verdadera fuerza del liderazgo radica en crear espacios en los que cada persona pueda aportar lo mejor de sí misma. El liderazgo efectivo no se trata de controlar cada detalle, sino de generar un ambiente de confianza y apoyo mutuo donde la unidad surge de las diferencias y fortalezas individuales.

La unidad en el liderazgo abarca desde la integración de diferentes perspectivas hasta el fomento de un propósito común. A través de ejemplos prácticos y el respaldo de autores como Patrick Lencioni y Simon Sinek, hemos explorado cómo la cohesión y la colaboración dentro de un equipo son esenciales para el éxito organizacional. La unidad no solo mejora la eficiencia y la innovación, sino que también fortalece los lazos dentro del equipo, permitiendo que enfrenten juntos cualquier desafío.

Las siete acciones propuestas consolidan estas ideas en prácticas concretas que los líderes pueden implementar para mejorar la unidad en sus equipos. Fomentar la comunicación abierta, celebrar la diversidad y promover la responsabilidad compartida son solo algunas de las claves que transforman un equipo en una comunidad unida. Estas actividades no solo fortalecen los lazos entre los miembros del equipo, sino que también mejoran los resultados organizacionales, asegurando que cada colaborador se sienta valorado y motivado para dar lo mejor de sí mismo.

A medida que cierras el capítulo 2, te invito a adentrarte en el capítulo 3, en el que exploraremos el valor del Equilibrio. En este capítulo, descubrirás cómo los grandes líderes no solo gestionan proyectos y personas, sino también su bienestar y su paz interior. A través de la historia de personajes que enfrentan desafíos entre sus ambiciones y su estabilidad emocional, verás que el equilibrio es el eje que sostiene logros, pero ante todo las relaciones auténticas y la satisfacción personal.

Prepárate para sumergirte en una reflexión profunda sobre cómo el equilibrio es clave para liderar con propósito, sin sacrificar la esencia de quiénes somos ni lo que valoramos. ¡Vamos juntos hacia el capítulo 3!

Aprendizaje No. 2 - Unidad

Nuestros zapatos, testigos del viaje, en Ponferrada. Cada piedra y cada paso reflejan las historias y las huellas que hemos dejado en el Camino hacia Santiago.

En Sahagún, nuestro encuentro con Tatiana Ponce de España, simboliza la conexión universal entre todos los peregrinos. Su espíritu alegre y acogedor refleja la esencia de la unidad y el compañerismo que se renueva en cada paso del Camino.

En Fisterra, el fin del mundo conocido, donde el Camino culmina, pero la verdadera travesía de unidad comienza. Este lugar simbólico nos recuerda que, aunque cada peregrino llega por caminos distintos, todos nos unimos en el mismo horizonte, celebrando la conexión que nos une en esta profunda experiencia.

Capítulo 3
Equilibrio: Geometría sagrada

Alejandro, a sus 37 años, había recorrido un largo camino en la vida, no solo en términos físicos sino también emocionales y espirituales. Creció en Madrid, pero profundamente conectado con sus raíces gallegas, había sido su abuela Isabel quien lo vio crecer, una mujer fuerte y sabia que le inculcó valores y lecciones de vida que lo acompañaban incluso después de su muerte. Isabel, una mujer con un alma antigua y una visión serena de la vida, vivía en una casa modesta en un pequeño pueblo de Galicia, donde la naturaleza y la simplicidad eran parte esencial de su existencia. Allí, rodeados de bosques y montañas, Isabel le enseñó a Alejandro sobre la importancia del equilibrio en todo lo que hacemos: el equilibrio entre el trabajo y la vida personal, entre el dar y el recibir, entre la razón y el corazón.

Su abuela solía decirle: «*La vida es como un hilo que tensamos y aflojamos, si lo estiramos demasiado se rompe, pero si lo dejamos flojo pierde su propósito*». Esta metáfora resonaba en la mente de Alejandro mientras caminaba por el Camino de Santiago, intentando encontrar sentido a las pérdidas recientes que había experimentado. La ruptura con Mike, su pareja durante más de una década, había sido devastadora, dejando una herida emocional que aún no había logrado sanar por completo. Mike, con su espíritu libre y su pasión por la geometría sagrada, había sido un compañero de vida, un amante y un mentor. Juntos habían explorado el arte y la espiritualidad, y aunque sus caminos se separaron, el amor por la geometría sagrada seguía presente en Alejandro.

Había pasado gran parte de su vida estudiando y aplicando los principios de la geometría sagrada en sus proyectos arquitectónicos. Esta antigua ciencia le había mostrado que, en el universo, todo sigue patrones geométricos que revelan un profundo equilibrio. Alejandro encontraba en estos conceptos una paz que le faltaba en su vida personal. La ruptura con Mike no solo lo había dejado solo, sino que lo había sumido en una crisis existencial. Sabía que el equilibrio no era algo que simplemente se obtuviera; era una práctica diaria, un esfuerzo constante por integrar las diversas partes de la vida en una unidad armoniosa.

Cuando llegó a Triacastela, un pequeño pueblo con siglos de historia, Alejandro sintió que estaba más cerca de las respuestas que buscaba. Triacastela, conocida por ser una de las paradas más importantes del Camino Francés, era un lugar de descanso para los peregrinos que buscaban reflexionar y recargar energías antes de continuar su travesía. Alejandro decidió alojarse en el Albergue Municipal de Triacastela, un espacio sencillo pero funcional, administrado por la Xunta de Galicia. Al entrar, fue recibido por Roberto, uno de los hospitaleros del albergue, quien le dio una cálida bienvenida.

El albergue, con capacidad para cincuenta y seis personas, ofrecía un ambiente tranquilo y acogedor. Sus paredes de piedra y vigas de madera daban la impresión de que el edificio había sido testigo de muchas historias de peregrinación a lo largo de los años, aunque lucía recién renovado. Durante la cena, Alejandro conoció a varios peregrinos, cada uno con una historia de vida única. Entre ellos estaban Luca, un arquitecto italiano que, como él, había dejado atrás una vida ocupada en Milán en busca de un nuevo propósito; Aki, una profesora de yoga de Japón, que encontraba en el Camino una forma de reconectar con su espiritualidad, y Clara, una joven alemana que estaba superando una ruptura amorosa. Juntos, compartían risas, anécdotas y silencios cargados de significado. En medio de la conversación, Clara sugirió que, después de la cena, podían realizar una sesión de meditación al aire libre.

A todos les pareció una excelente idea. Alejandro, aunque no era un experto en meditación, se ofreció a guiar una charla sobre la geometría sagrada, un tema que había estado en su mente durante todo el Camino. Explicó cómo cada figura geométrica tenía un significado profundo y espiritual, y cómo estos patrones podrían encontrarse en la naturaleza, desde la forma en que crecen las flores hasta la disposición de las estrellas en el cielo. Habló del cubo de Metatrón y la Flor de la Vida, figuras que representaban el equilibrio y la interconexión de todas las cosas en el universo.

«*Cada uno de nosotros tiene un centro*», dijo Alejandro mientras trazaba cuidadosamente un círculo en la tierra con una rama que había recogido del suelo. El grupo de peregrinos lo observaba en silencio, intrigados por la simplicidad pero profundidad de su gesto. El círculo, una figura que aparece en la naturaleza desde el ciclo de las estaciones hasta el movimiento de los planetas, simbolizaba el concepto de totalidad y perfección que Alejandro trataba de transmitir. «*El equilibrio no es solo algo externo, que encontramos en las estructuras del universo, es algo que debemos cultivar en nosotros mismos. La armonía entre cuerpo, mente y espíritu es el equilibrio más profundo que podemos lograr*».

Aki, la profesora de yoga, tomó la palabra tras él, complementando su reflexión. «*En el yoga, hablamos mucho sobre la conexión entre el cuerpo y la mente a través de la respiración consciente»*, explicó, mientras se sentaba en la postura de loto. *«El pranayama o control de la respiración, es una herramienta poderosa para encontrar ese centro del que Alejandro habla. Cuando respiramos de manera consciente, alineamos nuestra energía, y eso nos permite movernos en equilibrio entre los desafíos del mundo exterior y nuestras emociones internas».*

Alejandro, impresionado por las palabras de Aki, se sintió inspirado para profundizar en cómo la geometría sagrada puede ayudarnos a comprender mejor este concepto de equilibrio. *«Si miramos a la naturaleza, vemos que todo sigue patrones geométricos precisos. El cubo de Metatrón, por ejemplo, es una figura que contiene dentro de sí las formas geométricas de la creación: el tetraedro, el cubo, el octaedro... cada una de estas formas representa una parte del equilibrio que sustenta todo lo que existe».* Dijo mientras dibujaba el cubo en la tierra. El grupo observaba con atención cómo sus manos trazaban líneas con la misma precisión que un arquitecto que construye una catedral invisible.

La conexión entre la geometría sagrada y el equilibrio interior no era una mera coincidencia para Alejandro. *«Nosotros también estamos hechos de geometría»*, añadió, mirando a los peregrinos. *«El cuerpo humano, desde las proporciones de nuestras extremidades hasta los patrones que forman nuestras células, responden a los mismos principios. La armonía que encontramos en la naturaleza también está dentro de nosotros, esperando ser descubierta y equilibrada».* El silencio que siguió a sus palabras fue interrumpido solo por el suave viento que soplaba entre los árboles del albergue.

El grupo de peregrinos, sintiendo la profundidad de lo que se había compartido, decidió sentarse en círculo con Alejandro en el centro, mientras Clara, la joven alemana, sugería una meditación guiada. *«Vamos a centrarnos en nuestra respiración»*, dijo suavemente, *«imaginando que inhalamos el equilibrio que buscamos y exhalamos todo aquello que nos desvía de ese centro».* La quietud que siguió fue un bálsamo para Alejandro, quien, por primera vez en mucho tiempo, sintió que las piezas de su vida estaban comenzando a encajar nuevamente.

A medida que la meditación avanzaba, cada peregrino parecía estar sumergido en su propio viaje interior, conectando con las ideas compartidas esa noche. Alejandro, con los ojos cerrados, visualizó el círculo que había dibujado en la tierra expandiéndose, formando ondas que se unían con las ondas de las vidas de los demás. En ese momento, comprendió que el equilibrio no era algo que pudiera alcanzar solo; era un estado que emergió de la interconexión con los demás, de la unidad y de compartir el camino juntos.

El sonido de las campanas de la iglesia local marcó el final de la meditación, pero la sensación de paz y conexión que había impregnado el grupo persistió. Al abrir los ojos, Alejandro miró a sus compañeros y sonrió. Sabía que este era solo el comienzo de un nuevo capítulo en su vida, uno en el que el equilibrio, tanto interno como externo, guiaría cada uno de sus pasos.

Equilibrio y liderazgo

El equilibrio emocional es fundamental para un liderazgo eficaz, y esto lo aprendió Alejandro a lo largo de su viaje en el Camino de Santiago. A medida que avanzaba por los senderos y cruzaba pequeños pueblos como Triacastela, Alejandro reflexionaba sobre las emociones que habían dominado su vida en los últimos años. La ruptura con Mike y la pérdida del equilibrio en su vida personal lo habían dejado emocionalmente desestabilizado. Estas emociones acumuladas afectaban no solo su bienestar, sino también su capacidad para ser un líder efectivo en su trabajo como arquitecto.

Los estudios de Daniel Goleman (1995) destacan que la inteligencia emocional, que incluye la autogestión y la regulación de las emociones, es una habilidad esencial para los líderes. En su travesía, Alejandro se dio cuenta de que sus emociones habían tomado control sobre él, alejándose de su centro. La meditación y las enseñanzas sobre la geometría sagrada le ayudaron a reconectar con su equilibrio interno, entendiendo que el liderazgo no consiste en suprimir las emociones, sino en manejarlas de manera saludable. Al compartir con otros peregrinos en el albergue de Triacastela, pudo observar cómo la vulnerabilidad y la apertura emocional fortalecen las relaciones interpersonales, algo que había perdido de vista en su vida profesional.

Brené Brown, en *Dare to Lead* (2018), resalta que la vulnerabilidad es un componente esencial para un liderazgo auténtico. Alejandro, quien siempre había sido reservado con sus emociones, aprendió que ser un líder emocionalmente equilibrado no significaba evitar la vulnerabilidad, sino aceptarla como una forma de conectar con los demás. En las noches de meditación y charla con otros peregrinos, Alejandro descubrió que mostrar sus emociones y compartir sus preocupaciones no lo hacía menos fuerte; al contrario, lo conectaba con su equipo de una manera más profunda. Así, el equilibrio emocional se convirtió en una de las piedras angulares de su transformación personal y profesional.

Este enfoque en la inteligencia emocional también está respaldado por la investigación de Boyatzis (2005), quien argumenta que los líderes emocionalmente equilibrados son capaces de tomar decisiones más informadas y sabias, ya que no permiten que las emociones nos dominen, sino que las usan como una brújula para guiarse en situaciones difíciles. Alejandro, al encontrar su centro emocional, aprendió a aplicar esta lección en su liderazgo, recordando las palabras de su abuela, quien siempre le enseñó la importancia de estar en paz consigo mismo antes de tomar decisiones importantes.

El equilibrio entre la vida personal y profesional: a lo largo de su vida, Alejandro había priorizado su carrera, sacrificando en muchos casos sus relaciones personales, especialmente la que había tenido con Mike. La búsqueda constante de éxito profesional había creado un vacío en su vida personal, llevándolo a una desconexión profunda de aquellos a quienes amaba. A lo largo del Camino de Santiago, este desbalance se hizo más evidente, y Alejandro comenzó a darse cuenta de que su vida carecía del equilibrio necesario entre el trabajo y sus relaciones personales.

Stephen Covey, en su influyente libro *The 7 Habits of Highly Effective People* (2004), aborda la importancia de gestionar los diferentes roles que desempeñamos en la vida. Para Covey, los líderes efectivos son aquellos que invierten tiempo en su vida profesional y personal de manera equilibrada. Durante su peregrinación, Alejandro empezó a ver cómo su dedicación desmedida al trabajo lo había alejado de sus relaciones más importantes, como la que tenía con Mike y con su abuela Isabel. La geometría sagrada, con su énfasis en el equilibrio de las formas, le recordó que su vida también necesitaba alinearse de forma coherente para encontrar la paz.

Este dilema entre la vida personal y profesional no es único de Alejandro, ya que muchos líderes enfrentan la misma lucha. Shawn Achor, en *The Happiness Advantage* (2010), demuestra que las personas que logran mantener un equilibrio entre su trabajo y su vida personal son más felices y productivas. Alejandro, mientras caminaba y reflexionaba sobre su ruptura y su desconexión emocional, comenzó a darse cuenta de que el éxito en su carrera no valía la pena si su vida personal se estaba desmoronando. Aprendió que un verdadero líder no solo debe enfocarse en el éxito profesional, sino también en cuidar de su bienestar emocional y sus relaciones personales.

Encontrar este equilibrio no significa dividir el tiempo de manera igualitaria, sino aprender a priorizar lo que realmente importa en diferentes momentos de la vida. Alejandro descubrió que, al igual que en la geometría sagrada, todo en la vida tiene su momento y lugar adecuado. El liderazgo requiere un enfoque similar: saber cuándo es el momento de trabajar arduamente y cuándo es el momento de cuidar de uno mismo y de las personas que nos rodean.

El equilibrio entre control y delegación: Alejandro, como muchos líderes exitosos, había caído en la trampa de querer controlarlo todo. En su vida profesional, había sido un perfeccionista, lo que lo llevó a asumir demasiadas responsabilidades, agotándose emocional y físicamente. El Camino de Santiago le enseñó una valiosa lección sobre la necesidad de soltar el control y aprender a confiar en los demás. En su vida personal, la falta de delegación y la necesidad de control habían creado una distancia con Mike, lo que finalmente contribuyó a su ruptura.

Jim Collins, en *Good to Great* (2001), señala que los líderes más efectivos no son aquellos que lo controlan todo, sino aquellos que empoderan a sus equipos para tomar decisiones y asumir responsabilidades. Alejandro vio esta verdad reflejada en su viaje cuando conoció a otros peregrinos, como Luca, quien también había aprendido a dejar de lado el control y permitir que la vida fluyera. En su conversación nocturna bajo el cielo estrellado de Triacastela, Alejandro reflexionó sobre cómo su insistencia en controlar todo en su vida había sido un obstáculo para su crecimiento personal y profesional.

La delegación no solo fortalece al equipo, sino que también permite que los líderes encuentren un mayor equilibrio en su propia vida. Patrick Lencioni (2002) argumenta que la confianza es la base de un equipo fuerte, y esta confianza solo puede surgir cuando los líderes permiten que sus equipos asuman responsabilidades. Al aprender a delegar, Alejandro no solo aligeró su carga, sino que también permitió que otros a su alrededor crecieran y se desarrollaran.

En el liderazgo, el equilibrio entre control y delegación es esencial para evitar el agotamiento y crear un ambiente de confianza mutua. Alejandro, al liberar parte de su necesidad de control, encontró que sus relaciones mejoraron y que su trabajo como líder se volvió más efectivo. Esta lección fue clave para su crecimiento en el Camino, que con la simplicidad de la vida diaria le mostró la importancia de confiar en los demás para lograr el equilibrio.

El equilibrio entre innovación y estabilidad: al igual que muchos líderes, Alejandro siempre había estado enfocado en la innovación. En su carrera como arquitecto, había impulsado proyectos ambiciosos que requerían un enfoque innovador, pero a menudo lo hacía a costa de la estabilidad emocional y estructural de su equipo. En el Camino, Alejandro comenzó a reflexionar sobre la importancia de encontrar un equilibrio entre la innovación y la estabilidad, tanto en su vida personal como en su vida profesional.

Peter Drucker (1999), en sus trabajos sobre la gestión moderna, argumenta que un líder debe ser capaz de fomentar la innovación mientras mantiene la estabilidad dentro de la organización. Alejandro, a medida que caminaba por los senderos del Camino de Santiago, se dio cuenta de que había empujado demasiado hacia la innovación en su carrera, sin darse cuenta de que su equipo necesitaba una base estable para prosperar. La geometría sagrada, con su énfasis en las formas equilibradas y armoniosas, le recordó que la estabilidad y la innovación no son fuerzas opuestas, sino complementarias.

Kotter (1996) también destaca la importancia de gestionar el cambio de manera cuidadosa para evitar el caos organizacional. Alejandro, al igual que muchos líderes, había subestimado la importancia de la estabilidad. Sin embargo, en el Camino, encontró que la innovación más sostenible es aquella que se construye sobre una base sólida. En las conversaciones con Luca y otros peregrinos, Alejandro comenzó a entender que su obsesión por avanzar y crear nuevas cosas lo había desconectado de lo esencial: el equilibrio.

En el liderazgo, es crucial saber cuándo impulsar la innovación y cuándo estabilizar el entorno. Este equilibrio permite que las organizaciones sean resilientes y capaces de adaptarse a los cambios sin perder su estructura central. Alejandro, al aprender esta lección en su propio viaje, decidió llevar este enfoque de equilibrio a su vida profesional, asegurándose de que su equipo tuviera la estabilidad necesaria para prosperar en medio del cambio.

Las experiencias de Alejandro en el Camino de Santiago nos permiten comprender mejor la necesidad de integrar el equilibrio en nuestras vidas y roles profesionales. A través de sus reflexiones, Alejandro descubre que el equilibrio va más allá de la gestión eficiente del tiempo o de las emociones, es ante todo la armonización de diversos aspectos de la vida: el trabajo, las relaciones personales y el crecimiento espiritual. Los líderes que logran cultivar este equilibrio, como él lo hizo a través de la meditación y las conversaciones con otros peregrinos, son aquellos que pueden enfrentar con mayor éxito los desafíos, tanto internos como externos.

Por otro lado, los conceptos de la geometría sagrada aplicados en el liderazgo nos recuerdan que el equilibrio es inherente a todas las formas de creación. Este principio, cuando se aplica al liderazgo, nos ayuda a reconocer que el éxito se basa en construir una base sólida y armónica, en la que tanto la estabilidad como la innovación juegan roles complementarios. Alejandro aprendió que, al igual que la estructura de una catedral, el liderazgo efectivo debe mantener una base estable mientras se impulsa el crecimiento y la creatividad.

En definitiva, la lección más importante de este capítulo es que el equilibrio no es una meta que se alcanza una vez, sino una práctica constante. Los líderes deben aprender a ajustar sus enfoques según las demandas del entorno, así como un caminante ajusta sus pasos para mantenerse firme en el camino. La historia de Alejandro, junto con las teorías de liderazgo mencionadas, nos demuestra que lograr el equilibrio es fundamental no solo para el éxito organizacional, sino también para la satisfacción y el bienestar personal.

Siete actividades para fomentar el Equilibrio

1. Establecer límites claros: uno de los primeros pasos para fomentar el equilibrio en cualquier entorno es definir claramente los límites entre el trabajo, la vida personal y el tiempo de descanso. Sin límites, el desgaste emocional y el agotamiento son inevitables. Tal como lo destaca Daniel Goleman en su obra sobre inteligencia emocional, los líderes que establecen y respetan los límites no solo promueven su propio bienestar, sino también el de sus equipos (Goleman, 1995).

Estos límites incluyen el respeto por los horarios laborales, permitiendo que los colaboradores tengan tiempo suficiente para desconectar y recargar energías. Un líder equilibrado modela este comportamiento y reconoce que el bienestar del equipo a largo plazo es más importante que la productividad a corto plazo.

Al establecer estos límites, las organizaciones no solo fomentan un entorno de trabajo más saludable, sino que también logran mejorar la productividad y la satisfacción de los colaboradores, lo que genera un impacto positivo en los resultados empresariales.

2. Fomentar la flexibilidad: el equilibrio también implica flexibilidad. Los líderes deben ser capaces de adaptarse a las diferentes necesidades de su equipo y reconocer que no todos los colaboradores funcionan de la misma manera. Según estudios de la Harvard Business Review, las organizaciones que permiten flexibilidad en los horarios y en la forma de trabajar, generan mayor compromiso y satisfacción laboral (HBR, 2016).

La flexibilidad también implica aceptar que las circunstancias cambian, tanto en la vida laboral como personal. En lugar de exigir una rigidez excesiva, los líderes deben crear entornos en los que los colaboradores puedan equilibrar sus responsabilidades profesionales con sus necesidades personales.

Promover la flexibilidad fortalece la resiliencia del equipo y facilita un ambiente en el que los colaboradores se sienten respetados y valorados por sus aportes, lo que a su vez fomenta una mayor lealtad hacia la organización.

3. Practicar el liderazgo a través del ejemplo: un líder equilibrado modela el comportamiento que espera ver en su equipo. Peter Drucker, uno de los padres del liderazgo moderno, subrayó la importancia de que los líderes reflejen el tipo de equilibrio que quieren promover en sus organizaciones (Drucker, 1954). Esto incluye manejar su propio tiempo de manera efectiva, delegar cuando sea necesario, y mostrar respeto por el bienestar de los colaboradores.

Los líderes que predican con el ejemplo generan una cultura de confianza y transparencia. Cuando un líder equilibra de forma adecuada sus responsabilidades y toma decisiones basadas en la justicia y el respeto, el equipo sigue ese ejemplo, creando un ambiente de trabajo más cohesionado. Además, al ver a su líder como un modelo de equilibrio, los colaboradores tienden a replicar esos comportamientos, lo que se traduce en un ambiente laboral más armonioso y eficiente.

4. Promover el bienestar integral: el equilibrio no se trata solo de dividir el tiempo entre el trabajo y la vida personal, sino de cuidar todos los aspectos del bienestar: físico, emocional, mental y social. Tony Schwartz, en su teoría sobre el desempeño total, enfatiza la necesidad de cuidar de los empleados como seres integrales (Schwartz, 2010).

Los líderes deben ofrecer recursos y apoyo para que los colaboradores puedan cuidar su salud física (por ejemplo, con programas de ejercicio o acceso a descansos regulares), así como su bienestar emocional (con apoyo psicológico o momentos para descomprimir el estrés). Las organizaciones que priorizan el bienestar integral experimentan menores tasas de rotación y un ambiente de trabajo más saludable.

A largo plazo, este enfoque no solo favorece a los colaboradores, sino que también impulsa la productividad organizacional, ya que un equipo sano y equilibrado puede rendir de manera más efectiva.

5. Facilitar la colaboración y la confianza: el equilibrio en el liderazgo también se refleja en cómo los líderes promueven la colaboración. Según Patrick Lencioni, autor de *The Five Dysfunctions of a Team*, la falta de confianza y colaboración son los mayores obstáculos para la efectividad del equipo (Lencioni, 2002). Un líder que busca el equilibrio fomenta un entorno en el que las personas se apoyan mutuamente y no compiten entre sí.

El trabajo en equipo requiere que todos se sientan valorados y escuchados. Esto no solo fortalece la cohesión, sino que también permite que cada miembro del equipo aporte sus fortalezas para lograr un objetivo común. Promover la colaboración equilibrada genera un sentido de comunidad y pertenencia dentro del equipo, lo que facilita el desarrollo de una organización fuerte y resiliente.

6. Crear espacios para la reflexión y el aprendizaje: el equilibrio en el liderazgo también implica crear oportunidades para la reflexión. Peter Senge, en La quinta disciplina, menciona que las organizaciones más efectivas son aquellas que equilibran la acción con la reflexión (Senge, 1990). Los líderes deben permitir momentos en los que el equipo pueda revisar sus logros y áreas de mejora, fomentando un entorno de aprendizaje continuo.

Esta práctica permite a los colaboradores mejorar sus habilidades y reflexionar sobre sus experiencias, tanto positivas como negativas, lo que a su vez favorece la innovación y la mejora continua. Los espacios de reflexión también proporcionan un respiro mental necesario, ayudando a evitar el agotamiento y asegurando que las decisiones futuras se tomen con mayor claridad y perspectiva.

7. **Fomentar la coherencia entre valores y acciones:** por último, un líder que fomenta el equilibrio es aquel que alinea sus valores con sus acciones. Simon Sinek, en Leaders Eat Last, sostiene que los líderes que actúan en coherencia con sus principios crean culturas organizacionales más sólidas y resistentes (Sinek, 2014). Esto implica que el equilibrio no es solo una práctica diaria, sino un reflejo de la integridad del líder.

Cuando los colaboradores ven que sus líderes actúan de acuerdo con los valores que promueven, la confianza y el respeto aumentan, generando una cultura de autenticidad y estabilidad. Esto permite que el equipo funcione en armonía y sienta que están trabajando hacia un propósito común. Al fomentar la coherencia entre valores y acciones, se crea una base sólida sobre la cual construir relaciones de trabajo más equilibradas y efectivas.

En este tercer capítulo hemos profundizado en el concepto del equilibrio, tanto a través de la historia de Alejandro como de los enfoques teóricos. El viaje de Alejandro en el Camino de Santiago reflejó la búsqueda de un equilibrio entre su vida personal y profesional, guiado por principios de geometría sagrada que le ayudaron a encontrar una conexión profunda entre su mente, cuerpo y espíritu. Esta historia humana se complementa con la exploración académica del equilibrio en el liderazgo, destacando cómo los líderes exitosos integran prácticas que permiten a sus equipos alcanzar un balance saludable entre trabajo y vida personal.

Las siete actividades que hemos presentado ofrecen estrategias tangibles para que los líderes promuevan un equilibrio efectivo en sus organizaciones. Desde el establecimiento de límites claros hasta la creación de espacios para la reflexión, estos elementos proporcionan un marco práctico para garantizar que el bienestar personal y profesional se mantenga en equilibrio constante. Estos enfoques están respaldados por investigaciones clave en liderazgo y desarrollo organizacional, lo que asegura que no solo se mejore el bienestar del equipo, sino que también se impulse la productividad y el éxito organizacional.

Finalmente, el equilibrio en el liderazgo no es solo una cuestión de gestión de tiempo o productividad, sino una filosofía más amplia que abarca el bienestar integral, la coherencia entre valores y acciones, y el fomento de una cultura organizacional saludable. Al aplicar estos principios, los líderes pueden crear entornos en los que tanto ellos como sus equipos puedan prosperar, alcanzando sus objetivos sin sacrificar su bienestar personal ni el de sus colaboradores.

Al concluir el capítulo 3, te invito a seguir el viaje hacia el Legado, un concepto que va más allá de nuestras acciones cotidianas. En el capítulo 4, exploraremos cómo cada líder deja una huella, en sus equipos y desde allí en el mundo, a través de los valores y principios que transmiten. A través de historias conmovedoras, entenderás que el verdadero legado no se mide por los logros materiales, sino por el impacto duradero que generamos en la vida de quienes nos rodean.

Te animo a sumergirte en esta reflexión sobre el legado que todos podemos dejar, y descubrir cómo, al igual que los peregrinos del Camino, cada paso y decisión puede resonar más allá de nuestro tiempo. ¡Vamos juntos a explorar el capítulo 4!

Aprendizaje No. 3 - Equilibrio

En nuestro paso por Burgos, la majestuosa Catedral se alza como un símbolo de equilibrio entre lo terrenal y lo divino. Inspirada en la geometría sagrada, nos recuerda que, al igual que su armonía arquitectónica, nuestras vidas encuentran balance y propósito en el Camino, guiando cada paso de esta sagrada travesía.

En los campos del Burgo Ranero, rodeada de la belleza simétrica de los girasoles, la geometría sagrada se manifiesta en la naturaleza, recordándonos el equilibrio perfecto que encontramos tanto fuera como dentro de nosotros. Cada paso en el Camino es un reflejo de esa conexión divina entre el universo y nuestro ser.

En Los Arcos, frente a la famosa fuente de vino, encontramos el equilibrio perfecto entre tradición y celebración. Esta parada nos recuerda que, en el Camino, cada paso es una oportunidad para nutrir tanto el cuerpo como el espíritu, manteniendo el balance entre esfuerzo y disfrute.

Capítulo 4

Legado: Huella silenciosa

Lourdes Dumont nació en Marsella, Francia, en una familia católica de clase media, en la que desde temprana edad fue educada en los valores de la fe, la solidaridad y el servicio a los demás. Su madre, Claire, era maestra de primaria, y su padre, Henri, trabajaba como zapatero. Ambos eran personas profundamente comprometidas con la comunidad. Claire se dedicaba además de la enseñanza, a actividades parroquiales, ayudando a organizar campañas de caridad y educación para los niños más desfavorecidos. Henri, por su parte, pasaba horas arreglando zapatos y siempre dispuesto a colaborar con proyectos comunitarios.

Desde niña, Lourdes mostró una inclinación especial hacia la vida espiritual y el deseo de ayudar a los demás. Pasaba horas escuchando a su madre hablar sobre los sacrificios que hacían los maestros para educar a los niños, y la forma en que el conocimiento y el amor por los demás podían cambiar vidas. Sophie, su hermana mayor, siempre fue su modelo a seguir, destacándose como una joven comprometida con el trabajo social y la ayuda humanitaria. A medida que Lourdes crecía,

Sophie la influenció profundamente, inspirándola a seguir sus pasos y dedicar su vida al servicio misionero.

El ambiente de su hogar, lleno de amor y entrega hacia los demás, fue clave en el desarrollo de Lourdes. Recuerda las comidas caseras que su madre preparaba con esmero, siempre compartidas con vecinos y necesitados. La casa familiar, una vivienda modesta en las afueras de Marsella, era un reflejo de la sencillez y generosidad de sus habitantes. Allí, Lourdes y Sophie crecieron entre los valores de la fe, el servicio, y la comunidad.

Cuando Lourdes cumplió 18 años, decidió unirse a una congregación religiosa en Francia, la cual tenía un fuerte enfoque en la caridad y el servicio a comunidades pobres. Fue aquí donde comenzó a formarse como religiosa y donde se consolidaron sus convicciones de fe y servicio. La vida en la congregación no era fácil, pero Lourdes abrazaba cada desafío con la misma devoción que veía en Sophie, quien ya entonces estaba trabajando en América Latina. A pesar de la distancia, ambas mantenían una correspondencia regular, compartiendo sus experiencias y reflexiones sobre el significado de la vida, la fe, y el servicio a los demás.

Lourdes siempre recordaba con cariño las cartas de Sophie, llenas de relatos sobre la gente humilde que conocía y servía en América Latina. Esas cartas inspiraron a Lourdes a seguir el mismo camino y también la llenaban de una convicción inquebrantable de que su vida debía estar dedicada a los más necesitados. Cuando Lourdes tuvo la oportunidad de ir a América Latina a los 30 años, lo hizo con la bendición de su familia y su comunidad religiosa.

Durante los siguientes años, Lourdes pasó su vida en comunidades rurales de Perú, Bolivia y Colombia, trabajando codo a codo con personas que vivían en la pobreza extrema. Desde enseñar a leer a los niños hasta organizar proyectos de acceso a agua potable, Lourdes vio cómo su trabajo impactaba de manera significativa las vidas de quienes más lo necesitaban. Fue un tiempo de grandes desafíos, pero también de inmensa gratificación, ya que Lourdes sentía que estaba cumpliendo con su misión de vida.

La vida en América Latina moldeó profundamente a Lourdes. Aprendió el idioma y las costumbres locales, y se integró tanto con las comunidades que a menudo era considerada una de ellas. Los largos días de trabajo, el calor abrasador, y las lluvias torrenciales nunca disminuyeron su espíritu. En cada pueblo al que llegaba, Lourdes construía puentes entre culturas, siempre con una sonrisa y un profundo respeto por las personas a las que servía.

Sin embargo, tras la muerte de Sophie, Lourdes comenzó a sentirse desorientada. Aunque había dedicado su vida a continuar el legado de su hermana, la pérdida dejó un vacío que no sabía cómo llenar. Fue en ese momento de incertidumbre cuando escuchó hablar del Camino de Santiago. Varios compañeros misioneros le hablaron sobre el poder espiritual del Camino, y cómo tantos peregrinos encontraban en esa experiencia una manera de reconectar con su fe y consigo mismos. Para Lourdes, este viaje representaba una oportunidad de honrar la memoria de Sophie y encontrar respuestas a las preguntas que la inquietaban.

Antes de embarcarse en el Camino, Lourdes pasó semanas en oración y meditación. Habló con su superiora en la congregación, quien la apoyó completamente en su decisión de hacer el Camino. Aunque Lourdes tenía la opción de caminar acompañada por otros miembros de su comunidad, sintió que este era un viaje que debía hacer sola. Sophie siempre había sido su guía, pero ahora era el momento de enfrentarse a sus propias preguntas y de buscar respuestas por sí misma.

Cuando Lourdes comenzó su peregrinación en Roncesvalles, llevaba consigo lo esencial: su hábito marrón desgastado por los años de servicio, su mochila con algunas pertenencias sencillas, y lo más importante, el rosario que había pertenecido a Sophie. Este rosario, que Sophie llevaba consigo en todas sus misiones, era un símbolo poderoso de su conexión con Dios y con el trabajo que ambas habían hecho en América Latina. Para Lourdes, cada cuenta del rosario representaba una oración, un recuerdo, y una lección de vida que su hermana le había enseñado.

Al llegar a Sahagún, Lourdes sintió una profunda conexión con el Monasterio de Santa Cruz. Había algo en la antigüedad del lugar, en sus muros de piedra que parecían haber presenciado cientos de historias de fe y redención. El albergue, parte del monasterio, ofrecía un refugio para los peregrinos cansados, y Lourdes sentía que había llegado a un lugar donde su espíritu podría descansar. Al recorrer los pasillos, notó las figuras talladas en los altares, cada detalle impregnado de devoción. El ambiente, tranquilo y sereno, le recordaba los monasterios que había visitado durante su tiempo en América Latina, aunque este parecía tener una conexión aún más profunda con su búsqueda personal.

Esa misma tarde, Lourdes conoció a una madre y su hija, que también estaban alojadas en el monasterio. La madre, Carmen, era una mujer de unos 40 años, con el cabello corto y un semblante que reflejaba cansancio, pero también una determinación profunda. Su hija, Violeta, de 12 años, caminaba con ella como parte de una promesa familiar que habían hecho en honor al abuelo fallecido recientemente. Lourdes sintió una afinidad inmediata con ellas, especialmente al ver el vínculo entre madre e hija, que le recordaba su relación con Sophie.

Durante la cena comunitaria, las tres se sentaron juntas y compartieron sus historias. Carmen le contó a Lourdes que, después de la muerte de su padre, decidió hacer el Camino con su hija para encontrar paz y unidad como familia. Violeta, que al principio parecía tímida, comenzó a abrirse y hablar sobre lo difícil que había sido perder a su abuelo. La joven compartió que, aunque el Camino era físicamente desafiante, le gustaba la sensación de estar conectada con su madre de una manera que no había experimentado antes. Mientras Violeta hablaba, Lourdes notaba cómo los ojos de Carmen se llenaban de lágrimas y a la vez de orgullo.

Lourdes se sintió movida por su historia y decidió compartir más sobre la suya. Les habló de Sophie, de cómo su hermana siempre había sido su guía espiritual y de cómo su muerte había dejado un vacío que estaba tratando de llenar en el Camino. A medida que hablaba, Lourdes vio cómo la historia de su relación con Sophie resonaba con Carmen y Violeta. A través de sus palabras, las tres mujeres encontraron un terreno común: el amor por alguien que ya no estaba presente, pero cuyo legado continuaba influyendo en sus vidas.

Durante la cena disfrutaron de una comida sencilla pero reconfortante, las tres mujeres se sentaron alrededor de una mesa de madera gastada. El aroma del pan recién horneado impregnaba el aire, mientras cada una servía generosas porciones de guiso de garbanzos con chorizo y verduras, un plato típico de la región, cocido lentamente para resaltar los sabores. El guiso, servido en tazones de cerámica, calentaba sus manos frías después de una larga jornada de caminata. Acompañaron la comida con ensalada de hojas verdes y tomates frescos, aderezada con un toque de aceite de oliva local. De postre, un cuenco de natillas caseras, decorado con un toque de canela, aportaba dulzura al final de la comida.

El ambiente era cálido, tanto por la comida como por la conversación que compartían. Las luces tenues del comedor y el crujido del fuego en la chimenea les proporcionaban una sensación de paz y recogimiento.

Después de la cena, Carmen sugirió que hicieran una pequeña vigilia en la capilla del monasterio. Violeta, emocionada por la idea, propuso encender una vela por cada ser querido que habían perdido. Lourdes estuvo de acuerdo, y esa noche, bajo la luz tenue de las velas, las tres se sentaron en silencio, reflexionando sobre las vidas que habían tocado las suyas. Mientras Violeta encendía una vela por su abuelo y Carmen hacía lo mismo, Lourdes encendía una vela por Sophie, recordando cada momento que habían compartido juntas y sintiendo una profunda conexión con su legado.

La vigilia en la capilla se convirtió en un momento de sanación para las tres. Después de orar, Lourdes habló sobre el concepto de legado y cómo, aunque las personas que amamos ya no están con nosotros físicamente, su influencia continúa en nuestras acciones, decisiones y en la forma en que vivimos nuestras vidas. Explicó que Sophie le había enseñado que el verdadero legado no está en las grandes obras o en los monumentos que dejamos, sino en los pequeños actos de amor y compasión que sembramos en los corazones de los demás.

A medida que la noche avanzaba y las estrellas brillaban en el cielo de Sahagún, Lourdes comenzó a entender con mayor claridad la verdadera esencia del Camino de Santiago. El encuentro con Carmen y Violeta no fue simplemente un cruce de caminos, sino la manifestación de algo mucho más profundo, como si las fuerzas invisibles del destino hubieran tejido sus historias juntas para enseñarle una lección esencial. Cada una de ellas, aunque procedente de diferentes lugares y con distintos desafíos a cuestas, compartía un anhelo común: sanar, encontrar respuestas, y trascender el dolor. Lourdes vio en sus compañeras de peregrinaje el reflejo de su propia búsqueda, y comprendió que la pérdida, la tristeza, y la necesidad de significado son universales, un vínculo que une a la humanidad en su conjunto.

A través de las conversaciones con ellas, Lourdes se dio cuenta de que las respuestas no siempre llegan de manera directa, sino en los momentos compartidos y en los pequeños gestos de solidaridad. A medida que hablaban y caminaban juntas, Lourdes sintió cómo sus corazones se abrían, no solo al alivio del dolor pasado, sino a la posibilidad de crear nuevos comienzos, de que el sufrimiento puede ser transformado en fuerza. La historia de Sophie, que antes solo pertenecía a su propia vida, se expandió en esos momentos, cobrando vida en los recuerdos compartidos y en las palabras de aliento que intercambiaban.

Mientras el cielo nocturno se desplegaba sobre ellas, Lourdes sintió una paz que hacía mucho tiempo no experimentaba. Sabía que el Camino no era solo un recorrido físico hacia Santiago, sino un trayecto espiritual hacia la comprensión más profunda de sí misma y de los vínculos que compartía con los demás. Al final, entendió que el legado de Sophie más que actos de amor que ella había realizado, era cómo esos actos continuaron floreciendo en la vida de quienes los compartían y los expandían. En ese silencio bajo las estrellas, Lourdes se reconcilió con su dolor y encontró una renovada esperanza, una certeza de que su propio camino ahora estaba entrelazado con el de tantos otros, dejando huellas imborrables en el alma de los demás.

Legado y liderazgo

El concepto de legado en el liderazgo ha sido abordado por varios autores que han explorado la importancia de dejar una huella duradera en las organizaciones y las personas que los líderes tocan a lo largo de su vida. Para líderes como Lourdes, cuya vida estuvo marcada por el servicio, el legado no se mide en grandes monumentos o reconocimientos, sino en el impacto transformador en los demás. Según James Kouzes y Barry Posner, autores de *The Leadership Challenge*, el legado de un líder se manifiesta en las semillas de cambio que siembran en las personas y en cómo esas semillas continúan creciendo mucho después de que el líder ya no está.

Lourdes, a través de su vida como misionera y su peregrinaje en el Camino de Santiago, refleja perfectamente esta idea. El legado de Sophie no se limitaba a los actos visibles de servicio, sino a los valores que inculcó en Lourdes, valores que ella continuó transmitiendo a las personas que conoció en su travesía. Tal como señala John Maxwell en su libro *The 21 Irrefutable Laws of Leadership*, el verdadero éxito de un líder no reside en lo que consigue en su vida, sino en lo que deja para los demás, en cómo construye una generación de líderes que sigan su ejemplo.

Lourdes entendió que el legado de Sophie no era solo suyo, sino que vivía en cada acción compasiva que ella realizaba, en cada conversación en la que compartía las enseñanzas de su hermana. Así, Lourdes se convierte en la portadora de un legado, una guía para quienes también buscaban un propósito en el Camino de Santiago. Maxwell también explica que el «liderazgo de legado» se mide por la capacidad de un líder de crear una cultura en la que el propósito colectivo supera las metas individuales. Lourdes encarnaba esta idea al ayudar a otros peregrinos como Carmen y Violeta, sembrando en ellas el espíritu de compasión y servicio.

Kouzes y Posner explican que el liderazgo con legado se basa en el modelo de servir a los demás. Este enfoque, conocido como *servant leadership* o liderazgo de servicio, resuena profundamente con la vida de Lourdes. Su experiencia en América Latina ayudando a las comunidades más pobres refleja ese deseo de servir antes que de liderar, algo que, según estos autores, es el corazón de un legado perdurable. La historia de Lourdes muestra cómo el liderazgo verdaderamente efectivo ocurre cuando los líderes se centran en el desarrollo y bienestar de los demás, dejando un impacto que se perpetúa a través de las acciones de quienes han sido tocados por su influencia.

En este sentido, Sophie, a través de su ejemplo de vida, también fue una «líder silenciosa» que transformó las vidas de muchas personas a su alrededor. Lourdes, al seguir sus pasos y compartir su legado con otros peregrinos, estaba cumpliendo su propósito más elevado: ser una transmisora de valores y enseñanzas que continuarán viviendo mucho después de su tiempo. Como señalan Kouzes y Posner, los líderes que dejan un legado crean las condiciones para que otros puedan seguir adelante con su trabajo, convirtiéndose en una especie de *guardián* del cambio que han iniciado.

Además, Lourdes no veía su legado solo como algo personal. En sus interacciones con Carmen y Violeta, ella estaba transmitiendo las lecciones de Sophie, sembrando semillas de esperanza y compasión en los corazones de estas personas. Este enfoque está alineado con lo que Kouzes y Posner denominan liderazgo transformacional: los líderes dejan un legado cuando su influencia cambia profundamente las vidas de los demás, ayudándoles a convertirse en mejores versiones de sí mismos. Lourdes, con su humildad y sabiduría, estaba ayudando a Carmen y Violeta a encontrar sus propios caminos mientras compartían el dolor de la pérdida.

Es importante señalar que el legado no se trata solo de los actos visibles, sino de los valores que un líder deja implantados en quienes lo rodean. Como señala Brené Brown en *Dare to Lead*, los líderes que impactan profundamente no lo hacen a través de grandes gestos, sino mediante actos de vulnerabilidad y conexión genuina. Lourdes, al compartir su historia y su dolor, estaba mostrando una fortaleza basada en la apertura emocional, lo que permitía a las personas a su alrededor conectarse con ella en un nivel más profundo. Esta capacidad para crear lazos fuertes a través de la vulnerabilidad es una parte esencial del legado que Sophie dejó, y Lourdes lo estaba llevando adelante en su camino.

Finalmente, el legado también implica trascendencia. Lourdes no solo estaba caminando el Camino de Santiago por sí misma, sino para continuar el legado de Sophie, quien había sido una fuente constante de guía espiritual. Simon Sinek, en *Start with Why*, enfatiza la importancia de comprender el «por qué» que yo llamaría mejor el «para qué» detrás de nuestras acciones para crear un legado significativo. Lourdes caminaba no solo en honor a Sophie, sino para entender cómo su vida podía seguir reflejando ese propósito de servicio y compasión que tanto admiraba en su hermana.

El propósito como guía del legado: el propósito es el motor del liderazgo con legado, y en el caso de Lourdes, este propósito estuvo siempre entrelazado con el servicio. Desde una edad temprana, su vida fue moldeada por el ejemplo de su hermana Sophie, cuyo compromiso con la ayuda a los demás se convirtió en el norte de la vida de Lourdes. Este concepto es lo que Simon Sinek, en *Start with Why*, describe cómo el «por qué» y el «para qué» de un líder: la razón subyacente que impulsa cada decisión y cada acción. Para Lourdes, era claro, pero al enfrentarse a la pérdida de su hermana, esa guía interna se había puesto en duda, llevándola al Camino de Santiago en busca de respuestas.

El propósito, según Sinek, no solo da dirección a la vida de un líder, sino que también inspira a otros a seguir su ejemplo. Lourdes, al compartir las enseñanzas y el legado de Sophie con otros peregrinos, estaba, quizá sin darse cuenta, ayudando a otros a encontrar su propio propósito. Esta es una de las características más poderosas del liderazgo con legado: un líder verdaderamente inspirador no solo vive con un propósito, sino que actúa como un catalizador para que otros descubran el suyo. Lourdes, con su humildad y fe, estaba facilitando ese proceso en sus interacciones con personas como Carmen y Violeta.

Asimismo, el propósito de Lourdes se expandió a lo largo del Camino. Al principio, su motivación estaba basada en el duelo y el deseo de honrar a Sophie. Sin embargo, a medida que avanzaba en su peregrinaje, Lourdes comenzó a darse cuenta de que el legado de Sophie no terminaba con su muerte. Este viaje le permitió redefinir su propósito, no solo como una continuación del trabajo de Sophie, sino como un llamado a ser una guía para otros. Como Sinek explica, los líderes que entienden su «por qué» y el «para qué» encuentran en los desafíos una oportunidad para reafirmar y expandir su misión. Para Lourdes, cada paso en el Camino fue un recordatorio de su misión de servicio, renovada por las conexiones que estaba forjando con otros peregrinos.

Este sentido renovado de propósito también estaba profundamente entrelazado con el concepto de legado. En lugar de enfocarse únicamente en lo que había perdido, Lourdes comenzó a reflexionar sobre cómo podía continuar sembrando las lecciones de Sophie en los corazones de los demás. Esta transformación interna es lo que Brown describe como el poder de la vulnerabilidad en el liderazgo: al abrirse al dolor y compartir su historia, Lourdes estaba encontrando una nueva forma de honrar a Sophie y de continuar su propio camino de servicio. Este es el tipo de liderazgo trascendental que Covey explora, aquel en el que el líder no solo actúa por sí mismo, sino que inspira a otros a seguir sus pasos.

Por último, el propósito de Lourdes también implicaba un compromiso con la acción. El liderazgo con legado, tal como lo describe John C. Maxwell en *The 21 Irrefutable Laws of Leadership*, se basa en la capacidad de transformar ideas y principios en acciones concretas. Lourdes no solo hablaba sobre el legado de Sophie, sino que lo vivía a través de cada interacción con otros peregrinos. Su propósito no era algo abstracto, sino una guía tangible para comprender cómo debía comportarse, cómo debía escuchar y cómo debía servir a los demás. Este es el verdadero significado de un legado viviente: un conjunto de valores y acciones que continúan influyendo en el mundo de manera palpable.

La importancia de las relaciones en la construcción de un legado: uno de los aspectos más cruciales en la construcción de un legado es la capacidad de un líder para establecer relaciones profundas y auténticas. Como subraya Brené Brown en *Dare to Lead*, los líderes que muestran vulnerabilidad y apertura son capaces de crear conexiones más significativas con las personas que los rodean. Lourdes, al compartir su historia con Carmen y Violeta, además de recordar el legado de su hermana Sophie, estaba creando nuevas conexiones basadas en la compasión. Estas relaciones, aunque formadas en el contexto del Camino de Santiago, tenían un impacto duradero en las vidas de estas personas, contribuyendo al legado continuo de Lourdes.

La relación que Lourdes forjó con Carmen y Violeta fue un claro ejemplo de cómo los líderes pueden influir en los demás a través de la autenticidad. Brown explica que los líderes que son capaces de mostrarse vulnerables, al compartir sus propios desafíos y dolores, crean un espacio seguro para que otros hagan lo mismo. Esto es exactamente lo que ocurrió en el monasterio de Santa Cruz cuando Lourdes, al hablar sobre Sophie, creó un ambiente en el que Carmen y Violeta se sintieron cómodas compartiendo su propia historia de pérdida y redescubrimiento. Este tipo de liderazgo, basado en la vulnerabilidad, no solo fortalece las relaciones personales, sino que también contribuye a la creación de un legado más profundo y resonante.

Otra lección clave de Brown es que el liderazgo basado en las relaciones no se trata solo de hablar, sino de escuchar. Lourdes no se presentó como una figura autoritaria o como alguien que tenía todas las respuestas. En cambio, se mostró abierta a escuchar las historias de los demás peregrinos, ofreciendo su apoyo y su guía cuando era necesario. Este enfoque de liderazgo relacional es fundamental para construir un legado que perdure, ya que permite a los líderes crear un impacto a través de sus interacciones cotidianas. Lourdes, al escuchar a Carmen y Violeta, estaba ayudando a estas mujeres a encontrar sus propios caminos, al mismo tiempo que fortalecía su propio sentido de propósito.

El concepto de servicio es otra dimensión crucial en las relaciones que construyen un legado. Como explica James C. Hunter en *The Servant*, el liderazgo no se trata de ejercer poder o control, sino de servir a los demás de manera desinteresada. Lourdes, tanto en su vida como misionera como en su peregrinación, vivía este principio de servicio. En lugar de enfocarse en sus propias necesidades, buscaba maneras de ayudar a los demás, de ofrecer consuelo y apoyo a quienes lo necesitaban, por supuesto sin descuidar sus propias necesidades. Este enfoque de liderazgo basado en el servicio es lo que permitió a Lourdes dejar un legado duradero en las personas que conoció en el Camino de Santiago, al igual que lo había hecho durante sus años en América Latina.

Es vital comprender que las conexiones humanas además de fortalecer a los individuos, también multiplican el impacto de un legado de manera exponencial. Maxwell, en su libro *The 5 Levels of Leadership*, destaca que los líderes más influyentes son aquellos que trascienden la jerarquía y se conectan con sus seguidores a nivel personal. Lourdes, al escuchar y guiar a Carmen y Violeta durante su tiempo juntas en el Camino, personificaba este tipo de liderazgo. Ella compartía sus enseñanzas y lo más importante, absorbía las experiencias y lecciones de los demás, lo que a su vez enriquecía su propio legado.

El intercambio de historias entre Lourdes y los demás peregrinos fue un claro reflejo de este principio. Como líder, Lourdes no impuso su perspectiva, sino que facilitó un espacio donde cada persona se sintiera libre de expresar sus experiencias. Esto fortaleció los vínculos entre los peregrinos y también permitió que las enseñanzas de Sophie, canalizadas a través de Lourdes, tocaran más vidas de las que ella habría imaginado. De esta manera, la interacción entre líderes y seguidores no solo beneficia a ambas partes, sino que también crea un efecto dominó, en el que las lecciones se extienden más allá de las relaciones inmediatas.

En relación con esto, el concepto de *multiplicador* que propone Liz Wiseman en su libro *Multipliers* se aplica perfectamente a la forma en que Lourdes actuaba en el Camino. Wiseman sostiene que los líderes efectivos no se centran en su propia inteligencia o habilidades, sino que buscan amplificar el talento y la capacidad de aquellos a su alrededor. Lourdes, a través de sus interacciones con Carmen, Violeta y otros peregrinos, no solo compartía su propio conocimiento, sino que también creaba oportunidades para que los demás encontraran sus propios caminos hacia el crecimiento y la sanación. Este tipo de liderazgo, que empodera a otros para que se conviertan en líderes a su vez, es fundamental para la creación de un legado duradero.

Así pues, la importancia de las relaciones también se refleja en la continuidad del legado. Según Covey, los líderes que dejan un impacto profundo lo hacen a través de las relaciones que cultivan, ya que estas actúan como canales para que sus enseñanzas y valores se transmitan a las futuras generaciones. Lourdes, al construir conexiones genuinas con los peregrinos, estaba asegurando que las lecciones de Sophie perduraran y se expandieran más allá de su propio alcance. Así, cada conversación, cada vigilia compartida, cada palabra de consuelo ofrecida, se convertía en un eslabón más en la cadena de legado que Sophie había comenzado y que Lourdes estaba comprometida a continuar.

Esta continuidad es un reflejo de cómo el liderazgo trascendental y las relaciones interpersonales crean un círculo de influencia que, con el tiempo, se convierte en el verdadero legado de un líder.

Este capítulo explora profundamente cómo las relaciones interpersonales y el liderazgo basado en el servicio son la clave para construir un legado duradero. A través de la experiencia de Lourdes en el Camino de Santiago, observamos cómo cada interacción y acto de servicio, por pequeño que sea, se convierte en una piedra angular del legado que ella y su hermana Sophie construyeron a lo largo de los años. Los autores como Maxwell y Covey destacan que el impacto de un líder no se mide solo por sus logros, sino por cómo fomenta el crecimiento en los demás y les permite trascender, lo que encarna Lourdes al guiar y aprender de otros peregrinos.

El liderazgo de Lourdes es un ejemplo claro de lo que Liz Wiseman denomina un «multiplicador». Al facilitar el crecimiento personal y espiritual de quienes la rodean, Lourdes amplifica su impacto, transformando su propio viaje en un proceso de aprendizaje colectivo. Así, cada conversación con los peregrinos se convierte en una oportunidad para transmitir y expandir el legado de amor y servicio que Sophie le dejó. Este enfoque no solo fortalece a las personas a su alrededor, sino que también crea una red de influencia que se extiende más allá del propio Camino.

En resumen, la historia de Lourdes refleja que el verdadero legado no se construye a través de logros monumentales, sino en los momentos en los que un líder impacta positivamente las vidas de otros. Es en las conexiones humanas, el apoyo mutuo y el deseo genuino de servir a los demás donde encontramos la esencia de un liderazgo que trasciende el tiempo, algo que Lourdes finalmente entiende al caminar su propio sendero espiritual y acompañar a otros en su camino hacia la sanación.

Siete actividades para fomentar el Legado

1. Mentoría activa en el lugar de trabajo: La mentoría activa es una de las formas más poderosas de dejar un legado, ya que permite que el conocimiento y las habilidades se transfieran de una generación a otra. Un líder que se compromete a ser mentor además de impartir conocimiento, fomenta el desarrollo de futuros líderes. Esto implica tener conversaciones profundas, ayudando a los alumnos a comprender sus fortalezas y áreas de crecimiento, a la vez que les proporciona las herramientas para navegar los desafíos de su vida profesional y personal.

Es fundamental que el proceso de mentoría sea continuo y no se limite a la formación técnica. Los buenos mentores también enseñan a sus alumnos sobre el comportamiento ético, el trabajo en equipo y cómo generar impacto dentro y fuera de la organización. Al igual que Lourdes descubrió que el legado de Sophie no estaba en los actos grandiosos, sino en las pequeñas acciones diarias, los mentores deben ser conscientes de que cada interacción, por mínima que parezca, puede ser transformadora para el otro.

Además, el proceso de mentoría activa genera un ciclo virtuoso en el que los mentores también aprenden. Al compartir sus experiencias y escuchar las preocupaciones de los demás, los mentores desarrollan habilidades de empatía y comprensión. De este modo, la mentoría se convierte en una vía de crecimiento mutuo, donde el conocimiento no solo se transfiere, sino que también evoluciona con las nuevas generaciones, creando una red de apoyo en la que el legado se expande.

2. Promover el servicio comunitario dentro y fuera del trabajo: el servicio comunitario es una manera efectiva de extender el legado más allá del ámbito profesional, llegando a las comunidades en las que se necesita apoyo. Fomentar la participación en proyectos sociales, ya sea a través del trabajo o en espacios personales, permite que las personas se comprometan activamente con la mejora de la sociedad. Las empresas que apoyan este tipo de iniciativas también ayudan a sus colaboradores a comprender que su trabajo tiene un impacto más allá de la rentabilidad económica.

Para los líderes, promover el servicio comunitario es una forma de mostrar un compromiso ético que trasciende los objetivos comerciales. En este sentido, el servicio no solo se trata de realizar actividades filantrópicas, sino de formar una cultura organizacional que valore la solidaridad y el apoyo mutuo. Al igual que Lourdes, quien dedicó su vida a servir en América Latina, los líderes que fomentan el servicio comunitario crean un legado en la conciencia colectiva de sus colaboradores, recordándoles que tienen un rol en la construcción de un mundo mejor.

Este tipo de servicio también permite a los empleados desarrollar habilidades de liderazgo, trabajo en equipo y resolución de problemas. A través de estas experiencias, las personas se vuelven más conscientes de las realidades sociales y del impacto positivo que pueden generar. El servicio comunitario ofrece la oportunidad de cultivar el sentido de responsabilidad social, y deja una marca perdurable tanto en los beneficiarios como en los participantes.

3. Desarrollar una visión de largo plazo: tener una visión clara y a largo plazo es esencial para dejar un legado duradero. Un líder que fomenta una perspectiva de futuro no solo se concentra en los resultados inmediatos, sino que trabaja para construir un camino sostenible para las próximas generaciones. Este enfoque requiere pensar más allá de los éxitos personales y visualizar cómo las decisiones de hoy impactarán a la organización y a la sociedad en el futuro.

Desarrollar una visión a largo plazo también implica inculcar una mentalidad de crecimiento continuo, tanto a nivel personal como organizacional. Tal como Lourdes encontró significado en el trabajo misionero de su hermana, los líderes deben conectar sus decisiones con un propósito que inspire a otros a continuar ese legado, incluso después de que ellos ya no estén presentes. El propósito y la visión deben estar alineados para asegurar que el impacto del trabajo trascienda a largo plazo.

Además, fomentar una visión de largo plazo ayuda a las organizaciones a mantenerse resilientes frente a los cambios y desafíos del entorno. Las empresas que invierten en proyectos a largo plazo suelen ser más sostenibles, ya que no se ven afectadas por las fluctuaciones inmediatas del mercado. Esta mentalidad de legado asegura que las futuras generaciones encuentren una base sólida sobre la cual construir.

4. Crear y documentar procesos de conocimiento: una de las formas más eficaces de asegurar un legado es mediante la creación y documentación de procesos de conocimiento que puedan ser transmitidos y replicados. Esto no solo asegura la continuidad de las buenas prácticas dentro de una organización, sino que también permite que otros aprendan y mejoren sobre lo ya establecido. Las empresas que implementan procesos documentados para la gestión del conocimiento generan un impacto más allá del momento presente.

Documentar el conocimiento también tiene que ver con preservar la historia y el aprendizaje adquirido a lo largo del tiempo. Tal como Lourdes reflexionaba sobre el legado de Sophie, que vivía en sus enseñanzas y acciones, los líderes deben hacer que su experiencia y sabiduría sean accesibles para quienes vengan después. Esto no solo permite a los equipos aprender más rápido, sino que también les ayuda a evitar errores pasados.

Este proceso de documentación también crea una cultura de transparencia y responsabilidad dentro de las organizaciones. Al asegurar que la información y los conocimientos sean compartidos abiertamente, las empresas promueven un ambiente de colaboración y aprendizaje continuo, en el que el legado no reside en individuos aislados, sino en el sistema como un todo.

5. Fomentar un ambiente de respeto y diversidad: el respeto y la diversidad son claves para crear un legado inclusivo y sustentable. Un líder que promueve la diversidad garantiza que diferentes perspectivas se escuchen y ayuda a construir un ambiente en el que cada persona pueda aportar lo mejor de sí misma. Este enfoque asegura que el legado que se deje esté lleno de riqueza cultural y de valores compartidos que trasciendan las diferencias individuales.

Fomentar el respeto y la diversidad también implica educar a los equipos sobre la importancia de la equidad y la inclusión. Las empresas y organizaciones que valoran estos principios son más propensas a innovar, ya que cada individuo siente que su voz es importante. Lourdes, en su vida como misionera, entendió que el respeto por las diversas culturas era fundamental para servir a los demás y dejar un impacto duradero.

Al promover estos valores, los líderes no solo están creando un entorno positivo en el presente, sino que están sentando las bases para una cultura organizacional que perdure en el tiempo. Un legado inclusivo asegura que las futuras generaciones tengan una base de respeto y empatía sobre la cual construir nuevas formas de liderazgo y colaboración.

6. Fortalecer la capacidad de resiliencia en equipos: la resiliencia es una habilidad clave que debe ser cultivada para dejar un legado en las organizaciones. Los líderes que enseñan a sus equipos a ser resilientes están brindándoles las herramientas necesarias para enfrentar las adversidades de manera efectiva y salir fortalecidos de ellas. Esto implica crear una cultura en la que los errores sean vistos como oportunidades de aprendizaje y en la que se fomente la flexibilidad ante el cambio.

Desarrollar la resiliencia también es fundamental para garantizar que los equipos no se derrumben ante las crisis, sino que las enfrenten con fortaleza y confianza. El legado que deja un líder resiliente no se mide solo en términos de éxitos tangibles, sino en cómo enseña a otros a manejar la incertidumbre y a seguir adelante incluso en los momentos más difíciles.

Además, la resiliencia no es solo una cuestión individual, sino colectiva. Cuando los equipos aprenden a apoyarse mutuamente y a enfrentar los desafíos juntos, crean un lazo que fortalece la cultura organizacional. El legado de resiliencia es uno de los más valiosos, ya que permite que las organizaciones continúen prosperando incluso después de que sus líderes ya no estén al mando.

7. Inspirar a través de un liderazgo basado en el ejemplo: el liderazgo por ejemplo es quizá la forma más directa de dejar un legado significativo. Un líder que predica con el ejemplo inspira a su equipo a seguir sus pasos, no porque se los pida, sino porque ven en sus acciones un modelo a seguir. Esto implica ser coherente con los valores que se promueven y demostrar, a través de las acciones diarias, el tipo de comportamiento que se espera de los demás.

Cuando los líderes actúan con integridad, honestidad y compasión, están estableciendo un estándar de comportamiento que los demás querrán emular. El impacto de este tipo de liderazgo va más allá de los resultados inmediatos, ya que deja una huella en la forma en que las personas actúan y toman decisiones. Lourdes, al igual que su hermana Sophie, vivió una vida de servicio que inspiró a quienes la rodeaban, y ese es el legado que más impacta a largo plazo.

El liderazgo basado en el ejemplo no es algo que se logre de un día para otro, sino que se construye a lo largo del tiempo mediante acciones consistentes. Los líderes que inspiran a otros no lo hacen a través de palabras vacías, sino a través de sus decisiones, comportamientos y la forma en que tratan a los demás. Este es un legado que sigue vivo, mucho después de que el líder haya dejado su posición.

En el cierre de este capítulo dedicado al legado, la historia de Lourdes se convierte en un reflejo poderoso de cómo el Camino de Santiago es más que una peregrinación física, es ante todo un viaje espiritual que nos invita a reflexionar sobre el impacto que dejamos en el mundo. A través de su conexión con otros peregrinos como Carmen y Violeta, Lourdes descubre que, aunque Sophie ya no está físicamente, su legado de amor y compasión sigue vivo en las vidas que toca. El Camino le permite comprender que el verdadero legado no reside en monumentos grandiosos, sino en los actos de bondad que se siembran en los corazones de quienes encontramos en nuestro caminar.

La historia de Lourdes nos recuerda que, al final, lo más importante es cómo vivimos nuestras vidas para los demás. La caminata de Lourdes, marcada por el dolor de la pérdida de Sophie, se transformó en una peregrinación hacia el amor y la compasión, una lección que trasciende su propia vida y nos invita a reflexionar sobre el poder de nuestras acciones diarias. Cada palabra que pronunció en la capilla, cada oración que ofreció en silencio, cada lágrima derramada bajo las estrellas de Sahagún, fue una semilla plantada en los corazones de quienes la escucharon, y a través de ellos, ese legado seguirá creciendo.

Conceptualmente el capítulo amplifica esta idea, demostrando que el legado, como lo explican autores como Stephen Covey y John Maxwell, no se trata solo de logros tangibles, sino de la influencia que ejercemos en las vidas de los demás. El legado es una manifestación de los valores que defendemos, de las relaciones que construimos, y de la sabiduría que dejamos en el mundo. Cuando los líderes comprenden que su verdadero impacto va más allá de sus logros profesionales, empiezan a vivir con una intención más profunda, guiados por el deseo de cultivar algo duradero en los demás. Es un recordatorio de que nuestras acciones son las huellas que dejamos, y esas huellas pueden guiar a otros mucho después de que ya estemos en otra dimensión.

Con las actividades propuestas, el capítulo ofrece un puente entre la inspiración y la acción, llevando la reflexión a un plano tangible. Estas actividades, al igual que la caminata de Lourdes, invitan a los líderes a sembrar sus propios legados, basados en la compasión, la empatía y el servicio a los demás. A través de actos cotidianos, se puede forjar un legado que perdure en el tiempo, transformando vidas y dando sentido a nuestro propio caminar. Como Lourdes descubrió, el legado es el reflejo de un corazón que ha aprendido a amar profundamente, y ese amor, sembrado en los demás, es lo que nos trasciende.

Al cerrar el capítulo 4 sobre Legado, te invito a reflexionar sobre el impacto que dejamos en los demás y cómo nuestras acciones, por pequeñas que sean, pueden resonar en las vidas de quienes nos rodean. Cada líder tiene el poder de construir un legado que trascienda lo material y se convierta en una fuente de inspiración para generaciones futuras.

Ahora, en el capítulo 5, nos adentraremos en el Logro, pero no solo como un objetivo final. Descubriremos que el verdadero éxito no está únicamente en alcanzar metas, sino en el aprendizaje y las experiencias que acumulamos en el proceso. Acompáñanos a explorar cómo cada desafío, cada obstáculo, es una oportunidad para crecer y fortalecer nuestro liderazgo.

¡Te espero en el siguiente capítulo!

Aprendizaje No. 4 - Legado

Rodeadas de las letras gigantes de "ARZÚA", celebramos llegar a este punto vibrante del Camino, un lugar que resuena con el legado de hospitalidad y encuentro cultural entre peregrinos de todo el mundo.

En Sarria, punto de inicio para muchos en el Camino de Santiago, con las credenciales llenas de sellos que testimonian el camino recorrido. Este lugar simboliza el legado de compromiso y aventura.

En el icónico puente de Hospital de Órbigo, junto al río Órbigo, celebramos la rica historia y el legado del Camino de Santiago, un lugar donde innumerables peregrinos han dejado sus huellas a lo largo de los siglos.

Capítulo 5

Logro: El Camino de dos corazones

Arjun y su hijo Rohan estaban de pie en una loma, observando cómo los últimos rayos del sol teñían de dorado las tierras gallegas que rodeaban el final de su peregrinaje. El aire húmedo del Camino de Santiago les pegaba a la piel como una manta pesada. Habían recorrido más de 800 kilómetros, atravesando montañas, ríos y valles con un solo objetivo: llegar a Santiago de Compostela, pero el verdadero viaje había sido mucho más profundo.

Arjun había escuchado hablar del Camino de Santiago años atrás, cuando trabajaba como ingeniero en una empresa multinacional en Mumbai. Un colega español, con el que solía compartir largas conversaciones durante las pausas, le contó acerca de su experiencia caminando esta ruta sagrada. Al principio, Arjun lo había visto solo como una curiosidad, una peregrinación cristiana que no parecía tener mucho que ver con su fe hindú. Sin embargo, a medida que su colega le relataba las lecciones de humildad, superación y conexión espiritual que había experimentado, Arjun comenzó a ver más allá del aspecto religioso. El Camino no era solo para los cristianos; era un camino universal de transformación personal.

Cuando años más tarde, Arjun empezó a sentirse desconectado de su hijo adolescente, recordó esas historias sobre el Camino. Sabía que este tipo de viaje físico y emocional podría ser la oportunidad perfecta para reconectar con Rohan, alejándose del bullicio de la vida moderna y ofreciéndole una experiencia que ambos recordarían por el resto de sus vidas. A pesar de sus diferencias religiosas, Arjun veía el Camino como una metáfora del crecimiento interior, del logro personal más allá de la metafísica de llegar a Santiago de Compostela.

Arjun y su familia vivían en Bangalore, una ciudad bulliciosa llena de vida, pero también marcada por la rutina y el estrés de la vida urbana. Su esposa, Anaya, era profesora de literatura en una universidad local, una mujer serena y profundamente espiritual que apoyaba completamente a Arjun en su decisión de hacer el Camino. Aunque se había quedado en la India para cuidar de sus dos hijas menores, Priya y Meera, de 12 y 9 años respectivamente, Anaya sabía que este viaje era necesario para su esposo y su hijo. Rohan era el mayor de los tres hijos, y la relación entre él y Arjun se había vuelto cada vez más tensa con los años. El choque generacional y la naturaleza reservada de Rohan habían creado una barrera entre ellos, que Arjun estaba decidido a derribar durante el peregrinaje.

Cuando Arjun propuso hacer el Camino de Santiago, Rohan, con sus 16 años, no podía entender por qué su padre había elegido una peregrinación cristiana. No era un viaje corto ni sencillo, y la idea de caminar cientos de kilómetros solo para llegar a una catedral le parecía absurda. Sin embargo, algo en la determinación de su padre lo hizo aceptar el desafío, aunque lo hizo con su música siempre a mano, evitando la conexión emocional con la experiencia.

Las primeras semanas fueron difíciles. Atravesaron montañas empinadas en los Pirineos y se alojaron en pequeños albergues en los que el frío nocturno se mezclaba con el cansancio de días interminables de caminata. Uno de los albergues que más les impactó fue el de León. Al llegar, extenuados y empapados por la lluvia, los recibió una cálida sala común. Las paredes de piedra del albergue, iluminadas por lámparas de aceite, les ofrecieron un refugio después de una dura jornada. Los bancos de madera alrededor de la chimenea invitaban a la reflexión y a la conversación. En la cocina, un grupo de peregrinos preparaba una sencilla cena de potaje de lentejas y pan rústico. Al sentarse a la mesa junto a otros viajeros, la atmósfera de solidaridad y camaradería era palpable. Los olores de las especias del potaje, el crujir del pan recién horneado y el calor del fuego creaban un ambiente casi familiar, recordando a Arjun las cenas en su Kerala natal.

Al anochecer, el hospitalero, un anciano de voz suave y ojos brillantes, se presentó como György, originario de Hungría. Su cabello plateado caía suavemente sobre sus hombros, y su mirada serena reflejaba la sabiduría de alguien que había vivido muchas vidas en una sola. György había llegado a Santiago de Compostela muchos años atrás, después de caminar el Camino junto a su propio hijo. «*El Camino cambió mi vida*» les confesó mientras servía té caliente en las tazas de cerámica. «*No es solo el destino lo que transforma, sino los pequeños momentos que compartimos en el viaje*».

György relató que su hijo y él también habían tenido dificultades para conectar, atrapados en el ajetreo de la vida moderna. Sin embargo, el Camino les había enseñado a caminar al mismo ritmo, a escuchar en silencio, y a encontrar un nuevo respeto el uno por el otro. «*En cada paso, descubrimos que el verdadero logro va más allá de la meta, está en los momentos de comprensión y en la superación de los obstáculos que uno nunca pensó que podría vencer*», añadió mientras el calor del té reconfortaba a Arjun y Rohan.

Mientras escuchaban atentamente las historias de György, tanto Arjun como Rohan comenzaron a ver su viaje desde una nueva perspectiva. El anciano les había dado una lección valiosa: el logro mayor de este camino era vivir cada momento de desafío que los había acercado más como padre e hijo. Rohan, que había estado distanciado emocionalmente de su padre durante gran parte del viaje, comenzó a comprender que el Camino les había dado mucho más que kilómetros recorridos: les había ofrecido la oportunidad de sanar viejas heridas y de construir una relación más fuerte.

Mientras György hablaba, una metáfora comenzó a formarse en la mente de Arjun. El hospitalero húngaro les había dicho que el Camino era un reflejo de la vida: una serie de desafíos y descubrimientos. Sin embargo, György también enfatizó que, aunque el viaje es importante, la meta es igualmente esencial. *«No podemos caminar sin una dirección. Sin un objetivo claro, cualquier camino nos servirá, pero ninguno nos llevará a donde realmente queremos llegar».*

Arjun comprendió entonces que, al igual que en el liderazgo, tener una visión clara de la meta es lo que guía cada paso. El líder además de saber hacia dónde va, debe tener la capacidad de inspirar a otros a caminar junto a él. *«Si no sabemos hacia dónde nos dirigimos, corremos el riesgo de perdernos en cada desvío»*, dijo György, mientras sus ojos brillaban con una mezcla de nostalgia y sabiduría. La metáfora resonaba profundamente con Arjun, quien había comenzado el Camino para reconectar con su hijo y, a su vez, para descubrir algo sobre sí mismo.

El logro no radica solo en llegar a Santiago, sino en entender por qué ese destino es importante. Para un líder, la meta clara no solo ofrece dirección, sino sentido. Así como el apóstol Santiago representa un punto de culminación para los peregrinos, en la vida y en el liderazgo, el logro también requiere tener un propósito definido que dé sentido a cada esfuerzo y a cada decisión tomada en el camino.

Antes de llegar a la Catedral de Santiago, hay un punto emblemático en el Camino que muchos peregrinos consideran uno de los momentos más simbólicos del viaje: la Cruz de Ferro (Cruz de Hierro). Situada en lo alto de una colina en la región de León, esta cruz elaborada en madera y hierro se erige sobre un cúmulo de piedras dejadas por peregrinos de todo el mundo. Arjun y Rohan hicieron una parada obligada en este lugar sagrado, cargando consigo una pequeña piedra que habían traído desde su hogar en Bangalore. La tradición dice que al dejar una piedra al pie de la cruz, los peregrinos descargan los pesos emocionales, las culpas o las cargas que han llevado durante su vida.

Cuando Arjun se acercó a la Cruz de Ferro, lo hizo con una mezcla de reverencia y alivio. La piedra en su mano simbolizaba más que un simple objeto; era el peso de años de desconexión con su hijo, las expectativas no cumplidas y las oportunidades perdidas. Al colocarla al pie de la cruz, sintió que, de alguna manera, estaba soltando todo aquello que había acumulado. Rohan, por su parte, observó en silencio, pero luego, en un gesto inesperado, también dejó su propia piedra. Fue un momento de liberación mutua, en el que ambos comprendieron que el verdadero logro del Camino no era solo llegar a Santiago, sino soltar las cargas que habían llevado consigo durante tanto tiempo.

La Cruz de Ferro, con su simplicidad rústica, representaba el último obstáculo simbólico antes de la meta final. Para muchos peregrinos, dejar una piedra es un acto de entrega y transformación. Para Arjun y Rohan, fue un punto de inflexión: allí dejaron no solo sus piedras, sino también las tensiones que habían marcado su relación. Al continuar el camino hacia Santiago, sentían una nueva ligereza, no solo física, sino emocional, que les permitió apreciar con mayor claridad el significado de llegar juntos a la catedral.

Finalmente, tras días de altibajos emocionales y físicos, llegó el momento tan esperado: la visión de la Catedral de Santiago en la distancia. Este fue un momento de pura emoción, uno que ni Arjun ni Rohan podían haber anticipado del todo. Desde lo alto de la colina, la catedral se erigía como una recompensa majestuosa, una señal de que, tras los interminables kilómetros, estaban más cerca del final. Arjun, quien había mantenido una postura fuerte y serena durante todo el trayecto, sintió cómo las lágrimas empezaban a brotar, pero no de cansancio ni de agotamiento físico, sino de una mezcla de alivio y gratitud. A su lado, Rohan, con una mirada que ya no reflejaba la indiferencia de antes, le dijo con una voz cargada de emoción: *«Lo logramos, papá»*. En ese instante, el peso de las diferencias generacionales, de los silencios, de los miedos y las inseguridades que habían cargado durante todo el camino, desapareció.

El padre y el hijo se abrazaron, no solo como una muestra de afecto, sino como un reconocimiento mutuo de lo que habían superado juntos. En ese abrazo, no había palabras, solo una conexión profunda que había sido reconstruida paso a paso. El viento acariciaba suavemente sus rostros, y en el silencio compartido entre ellos, había un entendimiento de que el verdadero logro no era la meta física ante ellos, sino el viaje interior que cada uno había emprendido. Rohan, quien durante mucho tiempo había evitado cualquier muestra de vulnerabilidad, dejó que sus lágrimas corrieran libremente, mientras Arjun, con el corazón lleno, sostenía a su hijo con la certeza de que algo dentro de ambos había cambiado para siempre.

Al acercarse a la Plaza del Obradoiro, el corazón de la ciudad, la catedral revelaba toda su majestuosidad. Las torres barrocas, bañadas por la luz dorada del atardecer, parecían abrazar a los peregrinos que, como ellos, llegaban exhaustos pero llenos de esperanza. Cada piedra de la catedral, cada escultura en su fachada, hablaba de siglos de historia y devoción. La plaza, con su pavimento de granito desgastado por el tiempo, estaba llena de peregrinos que se abrazaban, reían, lloraban, y se arrodillaban en señal de agradecimiento.

El destino final del Camino, Santiago de Compostela, es un lugar sagrado no solo para los cristianos, sino para todos aquellos que buscan un sentido más profundo en la vida. La catedral, con sus torres elevándose majestuosamente hacia el cielo, es el hogar de los restos del apóstol Santiago, uno de los seguidores más cercanos de Jesús. Para los peregrinos, llegar a Santiago es el logro supremo: una culminación tanto física como espiritual. La tradición dice que los restos de Santiago fueron llevados desde Jerusalén hasta este lugar remoto en Galicia, y desde entonces, el Camino ha sido un sendero de fe y transformación.

El interior de la Catedral de Santiago les sorprendió aún más. Al cruzar las puertas, el aire denso con el incienso les envolvió, mientras la luz suave que entraba por las vidrieras pintaba los muros de colores cálidos. Aunque venían de una tradición espiritual diferente, ambos sintieron la energía sagrada del lugar. Se acercaron al famoso botafumeiro, el enorme incensario que cuelga del techo y que los monjes balancean durante las ceremonias. En ese espacio, lleno de peregrinos que rezaban o meditaban en silencio, Arjun y Rohan se sentaron en un banco. No sabían las oraciones cristianas, pero cerraron los ojos y en su interior, agradecieron por haber llegado juntos.

La misa del peregrino fue un momento mágico para todos los presentes. El balanceo del botafumeiro llenó la catedral de un aroma dulce y penetrante. Mientras el incensario se movía sobre sus cabezas, Rohan, que había sido escéptico durante gran parte del Camino, sintió una oleada de emociones que no pudo contener. Las lágrimas corrían por sus mejillas mientras miraba a su padre, entendiendo por fin la magnitud de lo que habían logrado juntos.

Después de la ceremonia, padre e hijo se dirigieron al lugar donde entregaron sus credenciales para recibir la Compostela, el documento oficial que certifica su peregrinación. Tras más de 150 sellos acumulados a lo largo de 800 kilómetros, este era el reconocimiento tangible de su esfuerzo. El momento de entregar las credenciales y recibir la Compostela es uno de los momentos más significativos para cualquier peregrino que ha recorrido el Camino de Santiago. Este documento no es solo una prueba física del viaje, sino un símbolo de todo lo que el peregrino ha vivido y superado a lo largo de su travesía. Cada uno de los sellos que adornan las credenciales cuenta una historia, una parada en el camino, una noche en un albergue, una conversación compartida, o un momento de reflexión. Para Arjun y Rohan, este proceso representaba no solo un registro de kilómetros recorridos, sino una crónica de su reconexión emocional, de los desafíos superados, tanto externos como internos.

La Compostela es, para muchos, la culminación de un viaje espiritual que trasciende las fronteras religiosas. Aunque el Camino tiene sus raíces en la tradición católica, el acto de recibir este documento tiene un significado mucho más amplio. Representa la culminación de un esfuerzo personal, un testimonio de la voluntad de cada peregrino de seguir adelante a pesar del cansancio, las dificultades físicas y las dudas. Arjun, con su profundo respeto por las tradiciones, sabía que el valor de este momento no estaba en el papel, sino en todo lo que este documento certificaba: la superación personal, la capacidad de resistencia y, sobre todo, el logro de algo que parecía imposible al inicio del viaje.

Rohan, a su vez, veía la Compostela con ojos diferentes. Al principio del camino, parecía simplemente un papel, una meta final sin mucho sentido. Pero ahora, después de semanas de caminar junto a su padre, después de compartir risas, lágrimas, cansancio y silencios, entendía que la Compostela era mucho más que un documento. Era una representación física de lo que habían logrado juntos: un puente entre generaciones, una manera de plasmar en papel lo que en el corazón se sentía como una victoria compartida. Cada sello en la credencial no era solo una marca, sino una huella del esfuerzo conjunto, de los días en los que pensó en rendirse, y de las noches en las que encontró consuelo en la compañía de su padre.

Al entregar sus credenciales en la oficina, ambos sintieron el peso del logro. La Compostela, con su caligrafía cuidada y su significado ancestral, era mucho más que un simple trofeo al final de la ruta. Era un recordatorio de que el logro no reside únicamente en la llegada a Santiago, sino en cada paso que los llevó hasta allí. El momento en que la recibieron, con sus nombres inscritos en ella, fue un instante de profunda conexión. No importaba que vinieran de una fe diferente; lo que importaba era el viaje personal y emocional que habían compartido.

En las afueras de la oficina, voluntarios de Portugal curaban los pies de los peregrinos, ofreciendo masajes y ungüentos para aliviar el dolor. Cuando uno de los voluntarios se acercó a Arjun, Rohan se adelantó. «No, yo lo haré», dijo, tomando el pie cansado de su padre entre sus manos. Fue un momento de amor silencioso, en el que Rohan expresó con ese gesto todo lo que no había dicho en palabras.

Cuando Rohan tomó entre sus manos el pie cansado de su padre, el aire en la pequeña oficina pareció detenerse. Este gesto sencillo, pero cargado de una profunda intención, fue mucho más que un acto de cuidado físico. Era un símbolo del reconocimiento y el amor que Rohan sentía por su padre, un agradecimiento silencioso por haberlo llevado a través de esa travesía no solo de kilómetros, sino de emociones, aprendizajes y reconciliación. Arjun, que durante tantos años había caminado solo en su rol de padre, proveedor y guía, sintió por primera vez que su hijo lo sostenía a él. En ese instante, Arjun entendió que el verdadero logro no radica en haber completado el Camino, sino en haber despertado en Rohan la capacidad de cuidar, de conectar, de liderar desde el amor.

Para Rohan, este acto de curar los pies de su padre representó el fin de un largo proceso interno. El adolescente, que al principio había estado desconectado y reticente, comprendió en ese momento que el liderazgo de su padre no había sido solo una cuestión de disciplina o de expectativas, sino de amor sacrificado, de esfuerzo incansable. Al masajear las heridas y el cansancio acumulado en los pies de su padre, Rohan no solo sanaba esas grietas físicas, sino también las grietas emocionales que durante tanto tiempo habían distanciado sus corazones. Este gesto de curación fue, en su esencia, el mayor logro de ambos: el reconocimiento de que habían alcanzado un nuevo entendimiento, una nueva etapa en su relación.

Mientras Rohan aplicaba con suavidad el ungüento, sintió el peso del Camino, no solo en los pies de su padre, sino en su propio ser. En ese acto íntimo y silencioso, se dio cuenta de que la verdadera medida del logro no es el destino alcanzado, sino la capacidad de cuidar, de sostener, de honrar los sacrificios que los otros han hecho por uno. Arjun, con los ojos cerrados, dejó que su hijo lo cuidara, permitiéndole asumir un rol de liderazgo en ese momento sagrado. Ambos sabían, sin necesidad de palabras, que este momento era una celebración del logro más profundo de todos: el de la conexión restaurada, del amor que, después de todo, había encontrado su camino.

Con las Compostelas en sus manos, padre e hijo se abrazaron, y aunque no dijeron nada, ambos sabían que el verdadero logro no residía únicamente en haber llegado a Santiago, sino en haber encontrado de nuevo su conexión como familia. A medida que el sol se ocultaba detrás de las majestuosas torres de la Catedral, el ambiente festivo de la Plaza del Obradoiro los envolvió. Era el 31 de julio, la última noche de la celebración del Apóstol Santiago, que se celebra desde el 25 de julio, día oficial del patrón de España. Durante toda esa semana, la ciudad de Santiago de Compostela se llena de peregrinos y turistas que acuden a rendir homenaje al apóstol, cuyos restos, según la tradición cristiana, descansan en la catedral. Las calles están llenas de desfiles, actos religiosos y eventos culturales que culminan en la gran fiesta del día de Santiago.

En la Plaza del Obradoiro, la emoción era palpable. La música folclórica gallega resonaba en el aire, mezclada con las risas y el bullicio de los miles de peregrinos que habían llegado para presenciar el fin de la celebración. Para Arjun y Rohan, el hecho de haber llegado justo en esa semana les hizo sentir que formaban parte de algo mucho más grande que ellos mismos. No compartían la religión católica, pero el espíritu de devoción y celebración que impregnaba el lugar les tocó profundamente. Ver la catedral iluminada, sabiendo que había sido el destino de tantos caminantes antes que ellos, les hizo comprender la magnitud del logro.

Sentados en las escaleras frente a la catedral, Arjun y Rohan observaron cómo la plaza se llenaba aún más con peregrinos y locales que se reunían para disfrutar del espectáculo final de fuegos artificiales. El cielo empezó a oscurecerse lentamente, y de repente, el estallido de las luces iluminó la noche. Los colores brillantes se reflejaban en los rostros emocionados de los peregrinos y locales que llenaban la plaza, y mientras las luces de todas las formas danzaban en el cielo, Arjun y Rohan no pudieron evitar sonreír el uno al otro. El estallido de colores en el cielo marcaba el cierre de una semana de celebraciones en honor al apóstol Santiago, el santo cuya figura había inspirado a miles a recorrer el Camino durante siglos. Mientras las luces iluminaban la noche gallega, padre e hijo se abrazaron con fuerza, conscientes de que lo que habían vivido juntos era mucho más que una peregrinación; era un viaje hacia el entendimiento mutuo y el logro compartido.

Esa noche, Arjun y Rohan encontraron un refugio espiritual en el monasterio de los Carmelitas Contemplativos en Santiago de Compostela. Este lugar, ubicado a poca distancia de la catedral, es un santuario de paz y recogimiento donde la comunidad de hermanos Carmelitas ofrece hospitalidad a los peregrinos que llegan exhaustos tras su largo viaje. El monasterio es austero, con paredes de piedra que han presenciado siglos de oración y contemplación. Las habitaciones donde los peregrinos se alojan son sencillas pero acogedoras, con pequeñas ventanas que permiten ver el santísimo en la iglesia del monasterio, ofreciendo un constante recordatorio de la presencia divina. El ambiente es uno de silencio y reflexión, diseñado para que los peregrinos puedan descansar el cuerpo y el alma.

El hermano Jesús Mateo, junto con los hermanos Santiago, Mauricio, Pedro, Daniel María, Manuel, Fredy y Juan Diego, forman una comunidad comprometida con una vida de oración, servicio y acompañamiento espiritual a los peregrinos que llegan al monasterio de los Carmelitas Contemplativos en Santiago de Compostela. Estos hermanos no solo ofrecen alojamiento físico en su monasterio, sino que brindan un espacio de sanación espiritual, paz y recogimiento a todos los que, tras el largo Camino, buscan consuelo y un lugar para reflexionar. La comunidad de Carmelitas Contemplativos se dedica a proporcionar un espacio en el que los peregrinos no solo encuentren descanso físico, sino también la oportunidad de reconectar con su esencia espiritual, ofreciéndoles la oportunidad de reflexionar sobre su viaje y sus aprendizajes.

Cada hermano tiene un don particular: algunos son grandes guías espirituales, otros ofrecen consuelo en momentos de crisis emocional, y todos comparten una profunda devoción por ayudar a los peregrinos a encontrar paz interior. Durante la estancia de Arjun y Rohan, los hermanos ofrecieron una misa especial al amanecer, en la que invitaron a los peregrinos a participar en la oración. La pequeña capilla del monasterio, con su altar sencillo y los ecos de los cantos gregorianos que resuenan en las paredes, se convierte en un espacio sagrado en el que cada peregrino puede dejar atrás sus cargas y reflexionar sobre su viaje.

Los hermanos guían las oraciones con suavidad, y su presencia es un recordatorio constante de que el servicio no solo es físico, sino también espiritual. Los peregrinos son invitados a unirse a la liturgia, pero también tienen la libertad de sentarse en silencio y simplemente absorber la paz del lugar. Lo más especial de los Carmelitas Contemplativos es que su vocación no se limita a los muros del monasterio. Ofrecen algo invaluable a cada peregrino: un espacio para sanar, para reflexionar y para sentirse acompañado en su búsqueda espiritual. No piden nada a cambio, solo buscan servir. La comunidad ve el servicio como su mayor don, un acto continuo de amor que nutre no solo a los peregrinos, sino también a ellos mismos.

Al final del Camino, entre el cansancio y la satisfacción, el monasterio de los Carmelitas Contemplativos se alza como un faro de paz y servicio. En cada rincón de este lugar sagrado, se respira la entrega silenciosa de los hermanos quienes con sus actos sencillos de bondad dejan una huella profunda en los peregrinos que llegan. Allí, rodeados de oraciones compartidas y de la calidez de esta comunidad, los peregrinos descubren que el verdadero destino del Camino no es Santiago, sino el viaje interior que han recorrido. Con cada palabra, con cada gesto, los hermanos nos recuerdan que el servicio es el acto más puro de amor, y que las verdaderas metas son aquellas que tocan el corazón.

El paso por el monasterio no fue solo una pausa física para Arjun y Rohan, sino un momento de transformación espiritual. En el silencio de los pasillos y el eco suave de las oraciones, ambos sintieron el profundo impacto del servicio desinteresado de los hermanos Carmelitas. Cada palabra de los hermanos estaba impregnada de una humildad y una devoción que resonaban con el verdadero significado del Camino: no solo alcanzar una meta, sino vivir el recorrido con gratitud y entrega. Arjun, que había comenzado el viaje en busca de algo intangible, encontró en este lugar una respuesta a sus inquietudes, mientras que Rohan, observando a su padre y a los hermanos, comprendió que el liderazgo no es imponer, sino servir con el corazón.

Al dejar el monasterio, el cielo de Santiago de Compostela parecía brillar con una luz diferente. La enseñanza de los Carmelitas les acompañaría más allá de los kilómetros recorridos. El abrazo silencioso que recibieron de los hermanos se transformó en una fuerza interior que les recordaría que, en la vida como en el Camino, lo que realmente importa no es lo que se lleva en la mochila, sino lo que se comparte con los demás. Rohan miró a su padre, sabiendo que habían experimentado algo profundo, algo que los uniría para siempre.

Angela Kohler

Logro y liderazgo

El verdadero logro en el liderazgo no se trata simplemente de alcanzar una meta. Es un proceso continuo de crecimiento y transformación tanto personal como colectivo. Según José Aguilar López, experto en liderazgo empresarial, el logro genuino se mide en cómo las personas y equipos se transforman mientras avanzan hacia sus objetivos. En el caso de Arjun y Rohan, su viaje a Santiago de Compostela reflejó esa transformación. Llegar a la catedral fue más que una meta física: fue el símbolo de un cambio interior en la relación entre padre e hijo.

Durante su recorrido, Arjun demostró que el liderazgo implica guiar a otros a través de las dificultades y los desafíos. A medida que caminaban, Rohan, al principio reticente y desconectado, empezó a notar la determinación de su padre. Este proceso de cambio mutuo refleja lo que Aguilar define como un *«logro de transformación»*: no solo obtener resultados, sino transformar las relaciones y las personas en el camino.

El liderazgo auténtico implica saber cuándo persistir, pero también cuándo adaptarse y flexibilizarse. Arjun, al igual que muchos líderes, tuvo que equilibrar la firmeza con la empatía hacia su hijo, adaptándose a las necesidades de Rohan mientras mantenía su propósito. Este equilibrio, que Aguilar considera esencial en el liderazgo, es el que finalmente les permitió llegar juntos a Santiago, no solo como peregrinos, sino como una familia renovada.

El logro, por tanto, no puede verse únicamente como una meta cumplida. El proceso de caminar, de superar obstáculos y de conectar emocionalmente con los demás, es lo que da verdadero significado al logro. El liderazgo efectivo se mide en cómo se gestionan las relaciones durante el trayecto, y Arjun lo mostró al no solo llegar físicamente a su destino, sino también al reencontrarse emocionalmente con su hijo.

La meta en el liderazgo: un componente esencial del logro es tener claridad en la meta. Carlos Herreros, en su estudio sobre desarrollo de líderes, destaca que *«quien no tiene una meta clara corre el riesgo de vagar sin rumbo»*. El Camino de Santiago representa esta idea en su máxima expresión: sin una meta clara, los peregrinos podrían perderse en los desafíos diarios. Arjun, aunque no era cristiano, tenía claro que su objetivo no era solo la catedral, sino la oportunidad de reconectar con su hijo.

Para los líderes, esta claridad de propósito es vital. Herreros subraya que un líder debe proyectar una visión clara y comprensible, algo que inspire a los demás a seguirle. Arjun, al proponer este viaje, no solo tenía una meta física en mente, sino también un objetivo emocional: reparar el vínculo con su hijo. Este propósito le permitió mantener el rumbo, incluso cuando Rohan parecía distante o desinteresado.

El concepto de logro también involucra la habilidad de un líder para ajustar la visión según sea necesario, pero sin perder de vista la meta final. Aunque el Camino fue difícil, Arjun mantuvo su enfoque en la importancia de cada paso, de cada conversación, entendiendo que el logro más grande no estaba solo en llegar a Santiago, sino en el proceso de transformación que ocurriría durante el trayecto.

En liderazgo, como en el Camino, la meta no es solo llegar al destino físico, sino transformar el viaje en un espacio de crecimiento y aprendizaje. Herreros enfatiza que un líder que no sabe hacia dónde se dirige difícilmente podrá guiar a su equipo, lo que hace que la claridad y el propósito sean los cimientos del logro en cualquier ámbito.

Perseverancia: un rasgo clave en el logro del liderazgo es la perseverancia ante la adversidad. Según Juan Carlos Cubeiro, experto en desarrollo organizacional, *«El verdadero liderazgo se demuestra en la capacidad de mantener el rumbo, incluso cuando los resultados son inciertos»*. Esta idea se refleja claramente en la travesía de Arjun y Rohan. El camino hacia Santiago estuvo lleno de desafíos físicos y emocionales, desde el cansancio extremo hasta los momentos de distanciamiento entre ellos, pero la perseverancia fue el factor clave que les permitió seguir avanzando.

Cubeiro afirma que la perseverancia es una lección que todo líder debe enseñar, no solo con palabras, sino con el ejemplo. Arjun lo hizo al continuar caminando, a pesar de la incertidumbre sobre si el viaje realmente tendría el impacto que esperaba. A lo largo del Camino, Rohan observaba cómo su padre enfrentaba cada dificultad con paciencia y resiliencia, lo que eventualmente lo inspiró a participar más activamente en el viaje.

El logro no se trata de obtener un resultado inmediato, sino de persistir en el proceso, de mantenerse firme en la visión incluso cuando las circunstancias se vuelven difíciles. Para Arjun, cada día en el Camino representaba una oportunidad de enseñar a su hijo sobre la importancia de no rendirse, una lección que también se aplica en el liderazgo organizacional, en la que la perseverancia es clave para enfrentar crisis y momentos de incertidumbre.

Cubeiro destaca que la perseverancia en el liderazgo también se trata de saber cuándo hacer pausas, reflexionar y ajustarse a las nuevas realidades sin perder el objetivo. En el caso de Arjun y Rohan, su capacidad de detenerse, hablar y ajustarse a las circunstancias les permitió avanzar con más fuerza y, al final, lograr la reconexión que tanto anhelaban.

Logro y conexión humana: el logro, en su esencia más profunda, es un acto de conexión humana. Según Manuel Pimentel, autor de El talento que dirige, *«Un líder exitoso no solo alcanza sus metas, sino que deja huella en las personas que lo rodean»*. Esta noción de legado y conexión se reflejó en el viaje de Arjun y Rohan, en este el verdadero logro no fue solo completar el Camino, sino reconectarse como padre e hijo.

Pimentel argumenta que los logros más duraderos no son los que benefician solo a uno mismo, sino aquellos que tienen un impacto en las personas y en las relaciones. En el caso de Arjun, el viaje con su hijo fue un logro colectivo: ambos se transformaron, reforzaron su vínculo y aprendieron que el éxito no reside en los kilómetros recorridos, sino en la conexión emocional que lograron.

El liderazgo, según Pimentel, tiene que ver con la capacidad de inspirar y movilizar a otros. A lo largo del Camino, Arjun demostró esa capacidad al guiar a su hijo a través de los desafíos, no solo con palabras, sino con su ejemplo. La conexión que formaron durante el viaje fue el verdadero logro, el que perdurará mucho más allá de la llegada a la catedral.

Por tanto, el logro en el liderazgo no se mide solo en términos de objetivos alcanzados, sino en el impacto que el proceso tiene en las relaciones humanas. Arjun y Rohan no solo completaron una peregrinación; crearon un nuevo espacio de comprensión y conexión, un logro que se extendía mucho más allá de la meta física.

La superación de obstáculos: uno de los elementos clave en el liderazgo y en la consecución de logros es la capacidad de superar obstáculos. Según Rafael Echeverría, autor de *Ontología del lenguaje*, la resiliencia no solo se trata de resistir, sino de adaptarse y crecer frente a la adversidad. En el Camino de Santiago, Arjun y Rohan encontraron numerosos obstáculos, tanto físicos como emocionales. El cansancio, el dolor en los pies y la fatiga mental eran solo algunos de los desafíos que enfrentaron, pero a través de la perseverancia y la capacidad de ajustar sus expectativas, lograron avanzar.

Echeverría destaca que los líderes no solo deben enfrentar los desafíos de manera individual, sino que también deben guiar a otros a superarlos. En el caso de Arjun, su liderazgo se manifestó al alentar a su hijo a seguir caminando, a no rendirse frente a los momentos de duda. Rohan, aunque inicialmente desinteresado y escéptico sobre el propósito del viaje, comenzó a internalizar las lecciones de resiliencia que su padre le transmitía. El aprendizaje fue doble: mientras Rohan supera sus propios desafíos, Arjun también enfrentaba los suyos como padre y líder familiar.

Los obstáculos, lejos de ser impedimentos, se convierten en oportunidades para el crecimiento. Echeverría plantea que un líder debe enseñar a su equipo a ver los desafíos como parte integral del proceso hacia el logro, algo que Arjun hizo de manera ejemplar. A través de cada colina, cada momento de dolor, ambos aprendieron que los desafíos eran una parte esencial de su crecimiento personal y de su relación. El Camino de Santiago fue, en este sentido, una metáfora poderosa de la vida misma: un viaje lleno de dificultades, pero también de aprendizajes que solo se adquieren al enfrentarlas.

Por lo tanto, la superación de obstáculos es un aspecto esencial del liderazgo y del logro. No se trata solo de llegar a la meta, sino de la capacidad de aprender y crecer a través de los momentos más difíciles. En el caso de Arjun y Rohan, los obstáculos del Camino no fueron barreras insuperables, sino lecciones en resiliencia, conexión y superación, elementos fundamentales en cualquier camino hacia el logro.

El logro como un viaje colectivo: el logro en el liderazgo no es un acto solitario; es un viaje colectivo que involucra a todos los miembros del equipo o la familia. José Antonio Marina, uno de los más influyentes filósofos españoles contemporáneos, destaca que *«El éxito del líder radica en su habilidad para inspirar a los demás y movilizarlos hacia un objetivo común»*. En el caso de Arjun y Rohan, aunque al principio parecía un viaje personal, la naturaleza del Camino les enseñó que el verdadero logro solo se consigue a través del apoyo mutuo y la colaboración.

Marina sostiene que un líder no solo alcanza sus metas, sino que lleva a los demás consigo en el proceso. Este fue el gran desafío de Arjun: inspirar a su hijo a ver más allá del simple hecho de caminar y ayudarle a encontrar un propósito más profundo en la experiencia. Al principio del viaje, Rohan estaba aislado emocionalmente, desconectado de la experiencia, pero a través de las pequeñas interacciones, las conversaciones nocturnas y los momentos de reflexión compartidos, Arjun logró conectar con él. El logro final no fue solo llegar a la catedral de Santiago, sino hacerlo como un equipo fortalecido por la experiencia compartida.

El liderazgo, como subraya Marina, no puede basarse en el poder o la autoridad, sino en la capacidad de generar confianza y un propósito común. El Camino permitió a Arjun y Rohan construir esa confianza a través de los pequeños gestos cotidianos, desde compartir el peso de la mochila hasta cuidar las heridas en los pies. Este proceso de construcción conjunta del logro refleja la esencia del liderazgo efectivo: un viaje que se recorre juntos, donde cada miembro del equipo aporta algo valioso al proceso.

Finalmente, el logro se convierte en algo mucho más grande que la suma de los esfuerzos individuales. El verdadero liderazgo radica en entender que ningún logro significativo se consigue en solitario. Arjun y Rohan comprendieron esto al final de su travesía: no solo habían alcanzado una meta física, sino que lo habían hecho juntos, transformando su relación y encontrando un nuevo sentido de conexión.

Siete actividades para fomentar el Logro

1. Establecimiento de metas claras y alcanzables: el establecimiento de metas claras y bien definidas es fundamental para que un equipo pueda alcanzar logros significativos. Las metas deben ser específicas, medibles, alcanzables, relevantes y con un tiempo determinado. Esto da a cada miembro del equipo una dirección clara y evita que se dispersen en esfuerzos que no aporten valor al objetivo principal. Un líder debe sentarse con su equipo desde el inicio para discutir cada meta, asegurándose de que todos entienden no solo qué se espera de ellos, sino cómo cada tarea contribuye al logro general. Además, debe haber una revisión continua de estas metas, ajustándolas si es necesario, para mantener el enfoque y motivar al equipo a seguir avanzando.

Un ejemplo de cómo se puede aplicar es a través de la planificación de proyectos a largo plazo, descomponiendo cada meta en hitos más pequeños que sean accesibles y alcanzables. Esto genera un sentido de progreso constante y evita que el equipo se sienta abrumado. Cada pequeño logro se convierte en una fuente de motivación, fortaleciendo el sentido de propósito y dirección hacia el objetivo final.

2. Retroalimentación constructiva y continua: la retroalimentación es un motor clave en el logro. Sin una evaluación continua de los avances y de los desafíos que enfrenta el equipo, es difícil ajustar el rumbo y corregir errores a tiempo. Un líder que proporciona retroalimentación constructiva no solo corrige errores, sino que también reconoce y refuerza los éxitos del equipo. Este tipo de comunicación abierta y constante crea una atmósfera de aprendizaje continuo, en la que los miembros del equipo sienten que sus esfuerzos son valorados y que siempre hay espacio para mejorar.

Es importante que la retroalimentación sea específica y oportuna. No basta con decir «buen trabajo» o «esto está mal» el líder debe ofrecer ejemplos concretos y sugerencias sobre cómo mejorar. Además, la retroalimentación debe ser un proceso bidireccional, los líderes también deben estar dispuestos a recibir comentarios y ajustarse según las necesidades del equipo.

3. Celebración de pequeños logros: celebrar los logros, incluso los más pequeños, es una forma de mantener alta la motivación del equipo y reforzar el sentido de progreso. Las celebraciones no tienen que ser grandes eventos, sino gestos de reconocimiento que subrayen la importancia de cada paso alcanzado. Estas celebraciones pueden ser desde un simple correo electrónico destacando el esfuerzo de un miembro del equipo, hasta una reunión breve en la que se compartan las metas alcanzadas y se motive a seguir adelante.

En el entorno laboral, este reconocimiento continuo ayuda a mantener el impulso y a que los miembros del equipo sientan que su trabajo es apreciado. Además, las celebraciones no solo refuerzan la motivación individual, sino que también crean un ambiente positivo dentro del equipo, en el que cada persona se siente valorada por sus contribuciones.

4. Creación de un ambiente de crecimiento continuo: el logro no es un destino final, sino un proceso de crecimiento constante. Para que un equipo o una organización sigan logrando sus metas a largo plazo, es crucial crear un ambiente en el que el aprendizaje y el desarrollo sean prioritarios. Un líder que fomenta una cultura de crecimiento continuo capacita a sus empleados y les proporciona las herramientas necesarias para mejorar sus habilidades y adaptarse a nuevos desafíos.

Esto se puede lograr mediante la implementación de programas de formación y desarrollo personal, así como el acceso a recursos educativos. El líder también puede promover el aprendizaje entre pares, fomentando una cultura de colaboración donde los empleados compartan conocimientos y experiencias. En este ambiente, los logros individuales y colectivos se convierten en pasos naturales hacia una mejora continua.

5. Empoderar a los equipos para tomar decisiones: empoderar a los equipos significa darles la autonomía para tomar decisiones importantes en su trabajo diario. Un equipo que siente que tiene el control sobre sus acciones será más comprometido y estará más motivado para alcanzar los objetivos establecidos. Este empoderamiento no implica que el líder se desentienda de su rol, sino que debe confiar en las capacidades del equipo para tomar decisiones que estén alineadas con su nivel de responsabilidad y el alcance de su rol en la organización. La delegación de decisiones debe ser proporcional a las capacidades y experiencia de los miembros del equipo, asegurando que cada decisión esté bien fundamentada y respaldada por el apoyo necesario del liderazgo.

Esto también significa que las decisiones se tomarán de acuerdo con el grado de responsabilidad de cada miembro. Un líder debe establecer claramente los límites y el alcance de las decisiones que pueden tomar sus colaboradores, de modo que cada uno se sienta capacitado para actuar dentro de su área de control, sin asumir riesgos innecesarios que excedan su competencia. Al hacerlo, se promueve un ambiente de confianza y respeto mutuo, en el que cada miembro se siente valorado por sus aportes y motivado a contribuir al éxito colectivo.

Cuando los equipos sienten que sus decisiones son valoradas, también crece su sentido de responsabilidad y de logro. Esto crea una cultura de autogestión y liderazgo distribuido, en la que cada miembro del equipo se siente parte activa del proceso de logro. Al tomar decisiones clave, el equipo puede ajustar su enfoque según las circunstancias, lo que les permite avanzar de manera más eficiente hacia sus metas.

6. Promoción de la resiliencia ante el fracaso: en el camino hacia el logro, el fracaso es una parte inevitable del proceso. Un líder que fomente la resiliencia ayuda a su equipo a ver los fracasos no como el fin del camino, sino como una oportunidad para aprender y mejorar. Esta actitud hacia el fracaso permite que el equipo se recupere más rápido de los contratiempos y mantenga el enfoque en el objetivo final.

Cuando un equipo enfrenta un fracaso, el líder debe guiar el proceso de reflexión, ayudando a identificar las causas y a aprender de ellas. Esto no solo reduce el miedo al fracaso, sino que también fortalece la cultura de aprendizaje dentro del equipo. La capacidad de levantarse después de un revés y seguir adelante es un componente esencial del logro.

7. Fomentar un sentido de propósito compartido: el logro individual puede ser satisfactorio, pero cuando se trabaja en un equipo, es el logro colectivo el que tiene un impacto duradero. Un líder que fomenta un sentido de propósito compartido ayuda a sus empleados a ver cómo sus esfuerzos individuales se conectan con los objetivos más grandes de la organización. Este sentido de pertenencia y propósito es lo que impulsa a los equipos a trabajar más duro y a superar los desafíos.

Para fomentar este sentido de propósito compartido, el líder debe comunicar constantemente el propósito, la visión y los valores de la organización, vinculando cada tarea diaria a ese objetivo más amplio. Cuando los empleados ven cómo sus contribuciones ayudan a lograr una meta más grande, su sentido de logro se amplifica y se sienten más comprometidos con el éxito del equipo y de la organización.

La historia de Arjun y Rohan nos lleva a un profundo entendimiento de lo que significa el logro, no solo como la culminación de un recorrido físico, sino como una travesía emocional y espiritual que transforma a quienes lo emprenden. A lo largo del Camino de Santiago, ambos personajes enfrentan desafíos físicos y emocionales, pero es en el acto de caminar juntos y superar sus diferencias donde encuentran el verdadero valor de su relación. El logro, en este caso, no es solo alcanzar la meta en Santiago, sino fortalecer los lazos familiares, reconociendo que el éxito radica en la capacidad de crecer juntos.

Desde una perspectiva teórica, autores como Peter Senge y John Maxwell han destacado que el liderazgo es un proceso continuo de aprendizaje y transformación. Lograr metas en el liderazgo implica mucho más que resultados tangibles; es un proceso que involucra la creación de un entorno donde las personas puedan desarrollarse, tomar decisiones con responsabilidad y participar activamente en la construcción de un propósito común. El liderazgo basado en el logro se centra en guiar a los equipos no solo hacia el éxito, sino hacia un aprendizaje que perdure más allá del objetivo inmediato.

Las siete actividades propuestas para fomentar el logro refuerzan esta idea al proporcionar herramientas que empoderan a los equipos y líderes para construir entornos de crecimiento, confianza y responsabilidad compartida. Al integrar la autonomía, la retroalimentación continua y el reconocimiento del esfuerzo colectivo, los líderes pueden crear un camino hacia el logro que se caracteriza no solo por el éxito, sino por la transformación de quienes lo recorren.

Al cerrar el capítulo 5 sobre Logro, hemos aprendido que alcanzar una meta no es solo una victoria personal, sino una oportunidad de crecer, adaptarse y aprender a lo largo del camino. Cada éxito no es un punto final, sino un nuevo comienzo lleno de aprendizajes que nos preparan para desafíos aún mayores. Reflexiona sobre tus propios logros y cómo estos han moldeado tu liderazgo, no solo por lo que has alcanzado, sino por quién te has convertido en el proceso.

Ahora, en el capítulo 6, exploraremos la Adaptabilidad, un valor clave en el liderazgo moderno. Aprenderás cómo la flexibilidad ante los cambios, y la capacidad de ajustarse rápidamente a nuevas circunstancias, puede marcar la diferencia entre el éxito y el estancamiento. A través de las historias de resiliencia y cambio, descubrirás que adaptarse no es una opción, sino una necesidad en un mundo en constante transformación. ¡Sigue conmigo en esta travesía hacia el liderazgo flexible y dinámico!

Aprendizaje No. 5 - Logro

Tuve el honor de participar en la Misa del Peregrino, leyendo durante la ceremonia en la majestuosa Catedral de Santiago de Compostela. Fue un momento profundamente emocionante, recordándonos que este viaje va más allá de los pasos dados.

Junto a los Hermanos Carmelitas Contemplativos, nuestros guardianes espirituales y anfitriones en el albergue al llegar a Santiago de Compostela.

Con Ana Luz y Dora Claribett, mostrando con orgullo nuestras compostelas, los certificados de nuestra perseverancia y espíritu, tras completar el Camino de Santiago. Un símbolo de nuestras vivencias y la solidaridad compartida en esta ruta milenaria.

Capítulo 6

Adaptabilidad: Caminos compartidos

Yi-Ling y Amir eran todo lo que muchos consideraban una pareja poco convencional. Ella, con 20 años recién cumplidos, era originaria de un pequeño pueblo en Taiwán, donde las tradiciones y las costumbres milenarias eran el corazón de la vida cotidiana. Su familia era muy unida y profundamente arraigada en la cultura budista, lo que les enseñó desde pequeños a vivir con un sentido de respeto hacia todas las formas de vida y a encontrar el equilibrio entre cuerpo, mente y espíritu. Sus padres, ambos profesores de escuela secundaria, siempre inculcaron en Yi-Ling el valor de la disciplina y la armonía, principios que ella llevaba con orgullo a cada aspecto de su vida.

Amir, por otro lado, venía de la vibrante ciudad de Kuala Lumpur en Malasia, una metrópolis de contrastes, donde los modernos rascacielos convivían con templos antiguos y bulliciosos mercados callejeros. Creció en una familia musulmana moderada, con una madre que trabajaba como enfermera y un padre ingeniero. A pesar de que su familia seguía las tradiciones religiosas, también fomentaban la curiosidad y el deseo de conocer otras culturas y formas de pensar. El islam era una parte integral de la vida de Amir, pero también lo era la apertura a diferentes ideas y formas de vida. Era el mayor de tres hermanos y siempre asumió el rol de protector y guía dentro de su hogar.

Yi-Ling era una joven de complexión menuda, con una figura delicada pero fuerte, forjada por años de disciplina y práctica de artes tradicionales de Taiwán, como el tai chi. Su piel tenía un tono suave, ligeramente dorado, que reflejaba las largas horas bajo el sol del Camino. Su cabello negro, liso y brillante, siempre lo llevaba recogido en una coleta alta para mantenerse fresca durante las caminatas. Sus ojos, grandes y oscuros, transmitían una mezcla de curiosidad y serenidad; el tipo de mirada que parecía absorber el mundo que la rodeaba con calma y atención. Llevaba consigo una sencillez en su vestir, con prendas ligeras y prácticas, pero siempre con un toque de cuidado y elegancia natural. Yi-Ling se movía con una gracia casi innata, como si cada paso que daba estuviera alineado con su deseo de encontrar paz y equilibrio.

Amir, en contraste, era más alto, con una contextura atlética que revelaba su amor por los deportes y las actividades al aire libre. Tenía una piel de tono cobrizo, rica y cálida, herencia de su ascendencia malaya, y su cabello oscuro, ligeramente rizado, siempre parecía estar en desorden por las largas jornadas bajo el sol. Sus ojos, de un profundo color avellana, irradiaban una energía vivaz y optimista, con una chispa de humor constante, como si siempre estuviera listo para hacer una broma o reírse de las pequeñas incomodidades del viaje. Su andar era seguro y ágil, adaptándose con facilidad a los terrenos irregulares del Camino. Amir solía vestirse de manera más desenfadada, con camisetas y pantalones cortos funcionales, pero su sonrisa era siempre su mayor distintivo, iluminando su rostro incluso en los momentos más difíciles del día.

Las mochilas de Yi-Ling y Amir, aunque modestas en tamaño, hablaban de la planificación cuidadosa que ambos habían hecho para el Camino. La de Yi-Ling era de un vibrante color turquesa, con múltiples compartimentos en los que guardaba con precisión cada uno de sus objetos esenciales. En su interior llevaba lo mínimo indispensable: un pequeño botiquín de primeros auxilios, un cuaderno en el que escribía reflexiones diarias, y una muda de ropa ligera. Su ropa de peregrina era sencilla pero funcional, con camisetas de secado rápido en tonos pastel, unos pantalones cortos color beige y una chaqueta impermeable que siempre llevaba atada a la mochila, lista para cualquier cambio de clima.

Amir, por su parte, cargaba una mochila más grande y desgastada, de un tono gris oscuro, que reflejaba su estilo práctico. Dentro de ella, llevaba una pequeña tienda de campaña enrollada en la parte inferior, una señal de que estaba preparado para cualquier eventualidad. Su ropa era más básica, compuesta por camisetas de algodón y unos pantalones convertibles que le permitían adaptarse a las distintas temperaturas del Camino. Aunque ambos parecían livianos en equipaje, las mochilas, con sus correas bien ajustadas, se habían convertido en una extensión de ellos, llevándoles no solo objetos, sino la carga simbólica de sus aprendizajes a lo largo del Camino.

Yi-Ling y Amir se conocieron en la Universidad de California, Berkeley, una de las más prestigiosas en Estados Unidos, donde ambos habían llegado a través de programas de intercambio en sus respectivas universidades. Yi-Ling estudiaba Antropología en la Universidad Nacional de Taiwán, una carrera que le permitía explorar las diversas culturas del mundo, algo que siempre le había fascinado desde pequeña. El programa de intercambio en Berkeley fue una oportunidad única para ella de sumergirse en un entorno académico diverso y multicultural. Amir, por su parte, cursaba Ingeniería Civil en la Universidad de Malaya, en Kuala Lumpur, y el intercambio le ofrecía la posibilidad de aprender de algunos de los mejores profesores en su campo, además de vivir una experiencia en el extranjero que ampliara su perspectiva sobre el mundo.

Desde el primer día que se conocieron en una clase de Cultura y Sociedad Global, fue evidente que eran dos personas de mundos completamente distintos. Yi-Ling, con su naturaleza calmada y reflexiva, solía sentarse en la primera fila, tomando notas meticulosas y asimilando cada palabra del profesor con una serenidad casi meditativa. Sus estudios en antropología le habían inculcado una profunda apreciación por las costumbres y creencias de las diferentes culturas, lo que la hacía especialmente sensible a las diferencias culturales. Amir, en cambio, llegaba a la clase siempre a último momento, con una energía contagiosa y una sonrisa amplia, buscando siempre la interacción con sus compañeros. Su mente analítica de ingeniero le hacía abordar cada tema desde una perspectiva lógica y estructurada, aunque a menudo se sorprendía por los enfoques más filosóficos y abstractos que proponía Yi-Ling en las discusiones.

A pesar de sus diferencias, o quizá gracias a ellas, pronto desarrollaron una conexión única. Para Yi-Ling, Amir representaba un reto fascinante: su energía desbordante y su pasión por los deportes y las aventuras físicas eran algo completamente opuesto a su propio mundo de introspección y calma. Para Amir, Yi-Ling era un misterio lleno de sabiduría, alguien que lo ayudaba a ver el mundo desde una perspectiva más pausada y espiritual. Las largas caminatas que compartían por el campus de Berkeley se convirtieron en momentos clave en los que ambos intercambiaban ideas sobre sus culturas, religiones y sueños para el futuro. Lo que comenzó como una simple amistad basada en la curiosidad mutua pronto se transformó en una relación más profunda, una en la que ambos se complementaban y encontraban un equilibrio entre sus mundos tan diferentes.

El amor entre Yi-Ling y Amir no surgió de manera instantánea, sino que fue algo que se fue tejiendo con el tiempo, en los pequeños gestos y en las conversaciones profundas que compartían. Al principio, ambos se veían como amigos, personas curiosas por las diferencias culturales y las vidas que llevaban en sus países de origen. Sin embargo, esas caminatas por el campus, los debates en la cafetería sobre religión, familia y sueños, empezaron a crear un lazo más fuerte. Amir, que solía ser impulsivo en todo, se encontró admirando la calma y la reflexión que Yi-Ling traía a cada situación. Yi-Ling, por su parte, no podía evitar sentirse cautivada por la energía y el optimismo que Amir irradiaba en cada conversación.

El primer indicio de que lo que sentían era más que una simple amistad surgió durante un viaje que hicieron con un grupo de amigos a las montañas de Sierra Nevada en California. Durante una noche, mientras contemplaban las estrellas, Amir le tomó la mano a Yi-Ling sin decir nada. En ese gesto silencioso, ambos supieron que lo que compartían era especial, algo que iba más allá de su tiempo en la universidad. Esa noche, mientras hablaban sobre las constelaciones y las infinitas posibilidades del universo, fue como si sus corazones comenzaron a alinearse, en una danza silenciosa que solo ellos podían sentir.

Al finalizar el intercambio, ambos sabían que regresarían a sus respectivos países, pero también sabían que sus caminos estaban destinados a encontrarse nuevamente. La despedida en el aeropuerto fue dolorosa; Yi-Ling, con su serenidad habitual, sonrió y le dijo a Amir que confiara en el destino, mientras él luchaba por no derramar lágrimas. Durante meses mantuvieron contacto a través de videollamadas y mensajes, compartiendo cada pequeño detalle de sus vidas a pesar de la distancia. Fue en una de esas llamadas, justo antes de que Amir terminara su tesis, cuando tomó la decisión. Sabía que no podía esperar más.

Amir viajó a Taiwán sin que Yi-Ling lo supiera, con el propósito claro de pedirle matrimonio. Eligió un lugar especial, el templo de Longshan en Taipéi, un sitio lleno de historia y espiritualidad, donde los antiguos rituales budistas todavía se practicaban. Allí, rodeados por el humo de los inciensos y el sonido de los cánticos, Amir, nervioso pero decidido, le pidió a Yi-Ling que se casara con él. Se arrodilló frente a ella, sosteniendo un anillo sencillo pero lleno de significado. Yi-Ling, con los ojos llenos de lágrimas, asintió, sabiendo que, a pesar de las diferencias de sus mundos, el amor que compartían los ayudaría a superar cualquier obstáculo.

La ceremonia religiosa fue un reflejo de sus culturas y creencias, una mezcla entre los ritos budistas de Taiwán y las tradiciones musulmanas de Malasia. Decidieron casarse en dos ceremonias, para honrar las raíces de cada uno. La primera se celebró en Taiwán, donde los padres de Yi-Ling organizaron un tradicional rito budista. En este rito, ambos vistieron trajes tradicionales de seda, y durante la ceremonia encendieron incienso y ofrecieron flores al Buda, como símbolo de respeto y de la búsqueda de bendiciones para su unión. Recitaron juntos mantras antiguos, que simbolizaban la conexión entre sus almas y su deseo de paz y armonía en el matrimonio. La familia de Yi-Ling los bendijo con arroz y agua, una señal de prosperidad y abundancia.

La segunda ceremonia tuvo lugar en Kuala Lumpur, donde la familia de Amir organizó un rito musulmán sencillo, pero cargado de significado. Yi-Ling vistió un elegante hiyab blanco, y ambos se unieron en una pequeña mezquita, donde el imán ofició la ceremonia. En este rito, Amir recitó los votos nupciales y firmó el contrato matrimonial, mientras los amigos y familiares los bendecían con oraciones y les deseaban una vida llena de felicidad y fe. A pesar de las diferencias religiosas, ambos respetaron las costumbres de sus familias y encontraron en esos ritos una forma de fortalecer aún más su unión.

Antes de la luna de miel, ambos decidieron tomarse un tiempo para reflexionar sobre su nuevo camino juntos. Pasaron días en la casa familiar de Yi-Ling, donde ayudaron a sus padres en las tareas cotidianas y compartieron largas conversaciones sobre sus planes futuros. En esos momentos de tranquilidad, fue cuando surgió la idea del Camino de Santiago como su destino para la luna de miel. Yi-Ling, siempre en búsqueda de paz interior, vio en el Camino una oportunidad para practicar su meditación y su conexión con la naturaleza, mientras que Amir, amante de las aventuras físicas, vio una oportunidad para probar su resistencia y aprender de una tradición espiritual completamente nueva. Decidieron que el Camino sería su primera gran prueba como pareja, una manera de adaptarse juntos a los desafíos de la vida matrimonial.

La preparación para el Camino de Santiago fue casi un ritual en sí mismo para Yi-Ling y Amir. Ambos sabían que la luna de miel no sería como la de otras parejas que eligen destinos más cómodos o lujosos; el Camino representaba un desafío físico y espiritual que requería preparación minuciosa y dedicación. Decidieron que, en lugar de empacar exceso, llevarían lo estrictamente necesario, sabiendo que cada objeto que cargarían en sus mochilas debía tener un propósito claro. Ambos entendían que el Camino no solo les enseñaría sobre la resistencia y el sacrificio, sino también sobre la simplicidad, el dejar ir lo innecesario y encontrar lo esencial en sus vidas y en su relación.

La mochila de Yi-Ling reflejaba su carácter meticuloso y organizado. Antes de partir, pasó semanas investigando cuáles eran los artículos más recomendados por los peregrinos experimentados. Eligió una mochila de tamaño mediano, de color turquesa, resistente al agua y con muchos compartimentos, que le permitirían mantener todo en orden. Dentro de ella, empacó varias camisetas de secado rápido, un par de pantalones ligeros y transpirables, y una chaqueta impermeable que podía doblar y guardar en un pequeño bolsillo. Además, no podía faltar su cuaderno de notas y un pequeño libro de mantras budistas, que la acompañaría durante las meditaciones diarias. Yi-Ling sabía que su experiencia en el Camino estaría marcada por la búsqueda de paz interior, y cada artículo que llevaba consigo tenía el propósito de facilitar esa conexión espiritual.

Amir, en contraste, preparó su mochila de una manera más improvisada. Eligió una mochila más grande, de un tono gris oscuro, un poco desgastada por sus anteriores aventuras, pero confiable. No le importaba tanto la organización como la funcionalidad, por lo que su equipaje incluía un par de camisetas de algodón, pantalones convertibles y una chaqueta que podía usar en cualquier clima. Amir llevaba también una pequeña tienda de campaña enrollada en la parte inferior de la mochila, más como una señal de que estaba listo para cualquier eventualidad que como una necesidad real. Lo que realmente le emocionaba no era lo que llevaba consigo, sino lo que esperaba encontrar en el Camino: un desafío físico que pondría a prueba su resistencia, una oportunidad para aprender de las otras personas y culturas que encontrarían a lo largo de la ruta.

En los días previos a su partida, ambos dedicaron tiempo a investigar sobre el Camino de Santiago. Amir, siempre entusiasta, se pasaba horas leyendo foros de peregrinos y viendo videos sobre las diferentes rutas. Quería estar preparado para cualquier eventualidad: cambios de clima, ampollas, dolores musculares. Por su parte, Yi-Ling se concentraba más en el aspecto espiritual del viaje. Leyó sobre las antiguas tradiciones de los peregrinos y meditaba cada mañana, visualizando el Camino como un viaje interior tanto como exterior. Sabían que, más allá de los retos físicos, el Camino de Santiago les ofrecería lecciones profundas sobre la vida, la paciencia, y la adaptación.

Ambos también reconocían que uno de los mayores desafíos sería el idioma. Aunque dominaban el inglés, el español era un terreno completamente desconocido para ellos. Yi-Ling, con su paciencia innata, comenzó a estudiar algunas palabras básicas, repitiéndolas como mantras durante el día: «gracias», «agua» «comida», «por favor». Sabía que aprender la lengua local sería una forma de honrar el lugar y la cultura que los acogería durante su travesía. En cambio, Amir confiaba en su habilidad para improvisar. Con una sonrisa y algunos gestos, estaba seguro de que podría hacerse entender sin necesidad de dominar el idioma. Para él, el caos de la comunicación era parte de la aventura. Se reía de los posibles malentendidos y estaba ansioso por lanzarse a interactuar con los locales, convencido de que, de una u otra manera, siempre encontrarían la manera de entenderse.

Antes de partir, ambos compartieron sus expectativas sobre lo que el Camino podría enseñarles. Yi-Ling veía la travesía como una oportunidad de practicar el desapego, de aprender a estar presente en cada paso, sin preocuparse por el futuro o aferrarse al pasado. Esperaba que el Camino le mostrara cómo soltar el control y dejarse llevar por el flujo de la vida, algo que siempre había sido un reto para ella. Amir, por su parte, esperaba que el Camino les enseñara cómo adaptarse a las circunstancias imprevistas, cómo mantener el humor y la calma ante los obstáculos. Sabía que habría días duros, pero confiaba en que, junto a Yi-Ling, podrían enfrentarlos y salir fortalecidos.

El idioma no fue el único obstáculo. Ambos venían de países donde la comida era fundamental en la cultura, y se encontraron con que las opciones en los pequeños pueblos de España eran limitadas. Yi-Ling, acostumbrada a los sabores frescos y delicados de la cocina taiwanesa, con sus verduras al vapor, arroz y pescados ligeros, se vio enfrentada a platos llenos de carne y pan, algo a lo que su cuerpo no estaba habituado. Amir, por su parte, añoraba los intensos curris y el arroz con coco de Malasia, pero encontraba en los sencillos guisos españoles una especie de consuelo. Aunque ninguno de los dos había probado el jamón serrano antes, se convirtió en una especie de «símbolo del Camino» que compartían en cada comida, riendo al notar cómo sus gustos iban cambiando y adaptándose día tras día.

Las diferencias religiosas también jugaron un papel crucial. Mientras que Yi-Ling encontraba tranquilidad en sus prácticas budistas, en las mañanas meditaba frente al sol naciente, agradeciendo por la jornada que comenzaba, Amir respetaba su rutina de oraciones musulmanas. Ambos sabían que su camino espiritual era individual, pero encontraban formas de apoyar y respetar las creencias del otro. Para ellos, el Camino no solo era una prueba física, sino una oportunidad de practicar el respeto mutuo y la comprensión. Cada día, mientras caminaban, discutían sobre las similitudes y diferencias entre sus creencias, encontrando puntos en común y celebrando lo que los hacía únicos.

Yi-Ling y Amir decidieron comenzar su Camino de Santiago desde Burgos, una de las ciudades más importantes del Camino Francés. Este punto de partida les permitía disfrutar de la diversidad de paisajes y la riqueza histórica del recorrido. Antes de llegar a Agés, un pequeño pueblo con apenas cincuenta habitantes, escucharon sobre el lugar por recomendación de otros peregrinos que destacaban su encanto medieval. Aunque Agés no forma parte de las paradas más comunes de la ruta tradicional, su ambiente sereno y la hospitalidad que ofrecía a los caminantes lo hacían un destino especial para aquellos que buscaban una experiencia más íntima y tranquila.

Agés se caracteriza por su historia y su arquitectura bien preservada, como la Iglesia de San Juan Bautista, construida en el siglo XVI. Aunque pequeño, este pueblo fue un importante refugio para peregrinos durante la Edad Media debido a su ubicación estratégica entre Burgos y Atapuerca, otro lugar lleno de historia. Hoy en día, el pueblo sigue ofreciendo servicios básicos como albergues y restaurantes que acogen a los viajeros con calidez y sencillez. Con este trasfondo, Yi-Ling y Amir llegaron al final de una jornada agotadora, preparados para sumergirse en la tranquilidad del pueblo y disfrutar de una noche de descanso en el albergue local, una parada que, aunque fuera de la ruta principal, les ofrecía una experiencia más auténtica del Camino.

Al llegar al albergue municipal de Agés, el ambiente rústico y acogedor les ofreció a Yi-Ling y Amir una bienvenida reconfortante después de un día agotador. El edificio, con paredes gruesas de piedra que parecían parte natural del paisaje, mantenía una atmósfera fresca y silenciosa a pesar de la cantidad de peregrinos que ya descansaban en su interior. La puerta de madera, ligeramente desgastada por el paso del tiempo, crujía con un sonido familiar al abrirse, revelando una sola habitación grande donde se alineaban treinta literas perfectamente dispuestas.

En el albergue, hombres y mujeres compartían el mismo espacio sin restricciones, creando una atmósfera de convivencia en la que las nacionalidades y las diferencias de género quedaban atrás. Cada litera estaba equipada con un colchón de color azul, sencillo pero funcional, que contrastaba con las paredes de piedra desnuda y los techos bajos de madera. El azul de los colchones daba una sensación de calma, aunque el cansancio de los peregrinos llenaba la sala con una mezcla de susurros, movimientos ligeros y el ocasional crujido de los somieres de metal.

El albergue en sí desprendía una sensación de historia, como si hubiera sido testigo de innumerables viajeros a lo largo de los siglos. El olor a madera, mezclado con el aroma de jabón y sudor de botas mojadas, flotaba en el aire, recordando a los recién llegados que el Camino era tan físico como espiritual. Las ventanas pequeñas dejaban entrar una suave luz dorada de la tarde, proporcionando un respiro después de un largo día de caminata, y creando sombras que bailaban en las paredes mientras los peregrinos descansaban en sus literas.

Dentro del albergue, las literas estaban en su mayoría ocupadas por peregrinos que habían llegado antes que ellos. Los techos bajos y las vigas de madera expuesta le daban un aire rústico, mientras que la luz cálida de las pocas lámparas creaba un ambiente de comunidad. A pesar del cansancio, Yi-Ling no pudo evitar notar cómo todos los peregrinos compartían miradas de complicidad, como si todos formaran parte de una misma familia temporal, unida por la experiencia del Camino.

Mientras buscaban un lugar para dejar sus mochilas, Yi-Ling y Amir se encontraron con un grupo de tres peregrinas de Colombia. Clara era una de ellas, era una mujer de unos 45 años, con un espíritu vibrante que se reflejaba en cada gesto y palabra. Tenía el cabello oscuro y brillante, recogido en una coleta que dejaba ver sus ojos llenos de vida y energía. Clara llevaba una mochila ligera pero bien organizada, muestra de su experiencia tras casi veinte días de caminata, durante los cuales había aprendido a deshacerse de lo innecesario. Su ropa, aunque gastada por el sol y el polvo del Camino, seguía reflejando su estilo personal, con colores vivos y accesorios simples pero funcionales.

A su lado, estaban sus dos compañeras: Mónica y Lucía, ambas en sus cuarenta y tantos años, con la piel dorada por el sol después de semanas caminando bajo el cielo abierto. Mónica, más reservada que Clara, llevaba una sonrisa tranquila, reflejo de su paz interior y el sentido de propósito que había encontrado en el Camino. Vestía con una camiseta de algodón blanco y un pañuelo de colores al cuello, una protección contra el sol abrasador. Su mochila era más voluminosa, cargada con recuerdos de los lugares por donde había pasado, pero organizada con precisión. Lucía, por su parte, era la más pequeña del grupo, con una energía contagiosa que no dejaba que el cansancio del Camino le arrebatara la alegría. Llevaba una gorra verde y unas gafas de sol que casi nunca se quitaba, como si siempre estuviera preparada para afrontar la siguiente etapa con optimismo.

Las tres colombianas habían recorrido gran parte del Camino Francés, comenzando desde Pamplona, ya acumulaban más de 350 kilómetros a pie. Habían experimentado tanto momentos de extrema fatiga como de profunda gratitud, y se habían hecho amigas inseparables en el proceso. En cada parada, compartían historias de su país, hablaban de sus familias y bromeaban sobre las pequeñas incomodidades del Camino, lo que les ayudaba a mantener el ánimo en alto.

Cuando vieron a Yi-Ling y Amir, Clara, siempre hospitalaria, les ofreció un lugar junto a ellas en el albergue. Con su característico buen humor, bromeó sobre el ruido que harían al entrar y salir del baño durante la noche, pero les aseguró que no les importaba compartir el espacio. Para las colombianas, el Camino no solo era una peregrinación, sino una oportunidad de crear conexiones profundas con personas de todas partes del mundo.

—*¿Están buscando una cama?* —preguntó Clara, en un inglés algo limitado pero con una amabilidad desbordante.

Amir, con su carácter afable y siempre dispuesto a socializar, asintió con entusiasmo.

—*Sí, estamos agotados* —respondió mientras Yi-Ling sonreía tímidamente a su lado.

Yi-Ling, fascinada por la manera en que las tres peregrinas colombianas se conectaban entre sí y con ellos, comenzó a reflexionar sobre lo que significaba realmente la adaptabilidad. Para ella, este concepto inicialmente se centraba en el hecho de ajustarse a las circunstancias físicas del Camino, como el clima, el cansancio o la falta de comodidades. Sin embargo, al observar cómo las colombianas rompían rápidamente las barreras culturales y de idioma para compartir momentos de alegría y comprensión, Yi-Ling entendió que la adaptabilidad también tenía que ver con abrirse a los demás. Era aceptar nuevas maneras de pensar, nuevas historias y experiencias, y dejarse influir por ellas, todo mientras mantenía su propia esencia.

Sentados alrededor de una mesa de madera, Yi-Ling y Amir experimentaron ese sentimiento de conexión a un nivel profundo. Aunque las conversaciones se mezclaban entre inglés y español, las risas y el compañerismo fluían con facilidad. Esa noche, las peregrinas colombianas les invitaron a cenar con ellas. Clara, siempre entusiasta, les explicó que traían algunas delicias de Colombia que habían cargado consigo durante el Camino. Habían encontrado ingredientes básicos en los pueblos, pero de vez en cuando añadían un toque de su cultura.

En esta ocasión, Mónica preparó una sencilla pero deliciosa arepa con queso en la pequeña cocina del albergue, mientras Lucía les ofrecía un poco de panela que habían comprado en la última parada. Amir, fascinado por la diversidad de sabores, les contó que era la primera vez que probaba algo parecido, y lo disfrutó tanto que pidió una segunda porción. Yi-Ling, con su paladar acostumbrado a los sabores ligeros de la cocina taiwanesa, disfrutó del contraste, adaptándose rápidamente al sabor más fuerte y sabroso de la comida colombiana.

Durante la cena, compartieron no solo alimentos, sino también historias de sus tierras, creando un intercambio cultural profundo. Para Yi-Ling, esta experiencia fue una lección más de lo que significaba la adaptabilidad. En un solo día, habían aprendido a aceptar los desafíos del Camino, a adaptarse a las diferencias culturales y gastronómicas, y a encontrar en cada interacción una oportunidad para conectar con personas de distintos rincones del mundo. Cada bocado de la cena compartida les recordaba que la apertura y la flexibilidad son claves para disfrutar plenamente de la experiencia del Camino.

Durante la cena que compartieron esa noche en el albergue, las colombianas relataron con entusiasmo sus vivencias. Clara, la más habladora, no podía evitar transmitir la emoción que sentía con cada anécdota. Contaba con orgullo cómo habían superado lluvias torrenciales y cómo, a pesar del cansancio, siempre encontraban motivos para seguir adelante. Mónica y Lucía asentían mientras Clara hablaba, agregando detalles aquí y allá: las risas compartidas cuando se equivocaban de camino, los momentos de silencio profundo al atravesar los vastos campos de Castilla, y las conversaciones con peregrinos de todas partes del mundo. Para ellas, el Camino había sido un proceso de transformación interna, en el que cada paso representaba una pequeña liberación de las presiones del mundo moderno.

A medida que la noche avanzaba, las tres colombianas comenzaron a hablar de sus vidas en Bogotá. Mónica, que trabajaba como abogada, comentó cómo el estrés de su trabajo la había empujado a hacer el Camino, buscando un respiro de la rutina. Lucía, que era profesora, compartió que el viaje le estaba dando una nueva perspectiva sobre la paciencia y la enseñanza. Mientras tanto, Clara, empresaria y madre de dos hijos, habló sobre cómo el Camino la había hecho reflexionar sobre sus prioridades. Para las tres, el Camino no solo había sido una experiencia física, sino también una oportunidad de redescubrirse a sí mismas, de liberarse de las expectativas sociales y de conectarse con algo más profundo y esencial. Compartir estas reflexiones con Yi-Ling y Amir creó un lazo instantáneo, una conexión que trascendía el idioma y las diferencias culturales.

Yi-Ling, fascinada por la facilidad con la que las colombianas conectaban entre sí y con ellos, se dio cuenta de que la adaptabilidad también implicaba abrirse a nuevas personas, nuevas culturas, y aprender de ellas. Esa noche, mientras cenaban todos juntos alrededor de una mesa de madera, compartiendo lo que cada uno llevaba en su mochila —pan, queso, y algo de fruta seca—, Yi-Ling y Amir sintieron que el Camino no solo les enseñaba a adaptarse entre ellos, sino también a encontrar conexiones profundas con otros peregrinos.

Al finalizar la noche, mientras se retiraban a sus literas, Yi-Ling y Amir reflexionaron sobre lo que el Camino les estaba enseñando. Adaptarse entre ellos como pareja había sido un desafío en sí mismo, pero ahora se daban cuenta de que el verdadero aprendizaje residía en la capacidad de abrirse a los demás. Las conexiones que estaban formando con otros peregrinos, personas de culturas y trasfondos tan diferentes, eran lo que hacía que la experiencia del Camino fuera verdaderamente transformadora. Para ellos, el Camino de Santiago no solo significaba llegar a un destino físico, sino aprender a ser flexibles, a aceptar las diferencias y a encontrar la humanidad común que los unía.

Yi-Ling y Amir se acomodaron en la litera junto a la puerta del baño. Aunque el constante ir y venir de otros peregrinos era un poco molesto, ambos estaban tan cansados que pronto cayeron en un sueño profundo. Las voces lejanas y el crujir de las literas a su alrededor parecían un eco distante, como si el albergue entero respirara al unísono con ellos. Esa noche, en medio de los murmullos y susurros de otros peregrinos, Amir reflexionó sobre lo que el Camino le estaba enseñando. No era solo un viaje físico, sino un proceso de adaptación continua, un aprendizaje constante sobre sí mismo, sobre su relación con Yi-Ling, y sobre cómo las pequeñas incomodidades podían convertirse en oportunidades para crecer. Cada día que pasaba, se daba cuenta de que las diferencias culturales y las barreras del idioma eran solo superficiales; lo que realmente importaba era la capacidad de conectar, de encontrar humanidad en los gestos y en los actos de bondad compartidos.

Yi-Ling, en su lado de la litera, también reflexionaba sobre su día. Los encuentros fortuitos con peregrinos como Clara, Mónica y Lucía le recordaban que, aunque las diferencias culturales eran evidentes, el lenguaje universal de la amabilidad y la apertura supera cualquier barrera. Sabía que el Camino seguiría poniéndoles a prueba, pero sentía que, mientras ella y Amir caminaran juntos y se apoyaran mutuamente, podrían adaptarse a cualquier desafío que viniera.

Adaptabilidad y liderazgo

El liderazgo en tiempos de incertidumbre exige una adaptabilidad continua, algo que Yi-Ling y Amir ejemplifican cuando deciden detenerse en Agés, un pueblo fuera de la ruta tradicional del Camino de Santiago. Esta capacidad de abandonar los caminos convencionales es esencial para los líderes que enfrentan entornos dinámicos y en constante cambio. Según Ronald Heifetz, en su libro *Leadership Without Easy Answers*, los líderes deben ser capaces de ajustar sus estrategias a medida que cambian las circunstancias, algo que en el Camino se ve reflejado en la disposición de la pareja a aceptar lo inesperado.

Un líder que se adapta a nuevas circunstancias desarrolla la habilidad de tomar decisiones rápidas y efectivas sin aferrarse a una planificación estricta. Heifetz argumenta que el liderazgo adaptativo implica una disposición a aprender constantemente del entorno, algo que Yi-Ling y Amir demuestran al seguir recomendaciones locales sobre paradas no planeadas en su ruta. Para un líder, esto significa estar abierto a las oportunidades inesperadas y utilizar los recursos a su alrededor para tomar decisiones informadas.

Finalmente, la adaptabilidad ante lo desconocido refuerza la resiliencia del líder. En la historia de Yi-Ling y Amir, abandonar el itinerario habitual les permitió conectar con personas y experiencias que enriquecieron su travesía. Del mismo modo, un líder debe ser capaz de ver las ventajas que ofrece la incertidumbre, utilizando los retos como una oportunidad para fortalecer su capacidad de liderazgo y crecimiento personal.

Comunicación más allá de las palabras: el idioma es una barrera común en entornos multiculturales, pero no tiene por qué ser un obstáculo insalvable para los líderes. En la historia de Yi-Ling y Amir, la pareja enfrenta este desafío utilizando comunicación no verbal para conectar con otros peregrinos. En su libro *How Language Works*, David Crystal señala que gran parte de la comunicación humana se basa en gestos, expresiones faciales y el tono de voz. Los líderes deben aprender a utilizar estas herramientas para construir relaciones de confianza, incluso cuando las palabras no son suficientes.

La empatía y la escucha activa también juegan un papel crucial en la adaptación a contextos lingüísticos diversos. Un líder que demuestra empatía, como Yi-Ling al aprender palabras básicas en español, y que muestra una actitud abierta hacia el aprendizaje de nuevas formas de comunicación, puede superar las barreras culturales de manera efectiva. Crystal destaca que la habilidad de adaptarse al lenguaje no solo verbal sino cultural es clave para la integración en equipos multiculturales.

Además, la improvisación y la flexibilidad en la comunicación son habilidades esenciales para el liderazgo. Amir, al utilizar el humor y la improvisación para interactuar con los locales, muestra cómo la espontaneidad puede ser una herramienta poderosa en entornos multiculturales. Un líder que sabe adaptarse a las circunstancias, utilizando tanto la comunicación verbal como la no verbal, puede gestionar mejor las diferencias culturales y generar un ambiente colaborativo.

Flexibilidad cultural y la identidad: compartir una comida, como hacen Yi-Ling y Amir con las peregrinas colombianas, es una metáfora poderosa de la flexibilidad cultural en el liderazgo. En *L'Homnivore*, Claude Fischler describe cómo los alimentos y la comida simbolizan aspectos profundos de la identidad cultural. Un líder que es capaz de adaptarse a diferentes costumbres y prácticas culturales, ya sea a través de la comida o de otras experiencias compartidas, demuestra una capacidad esencial para generar confianza y cohesión dentro de equipos diversos.

La aceptación de la diversidad cultural además de mejorar las relaciones interpersonales, también fortalece el liderazgo. En el caso de Yi-Ling y Amir, aceptar y disfrutar de una comida ajena a su cultura es un reflejo de cómo un líder debe abrazar las diferencias y aprender de ellas. Esta apertura es crucial en equipos multiculturales, en los que las diferencias culturales pueden ser vistas no como obstáculos, sino como oportunidades para el crecimiento y la innovación.

Así pues, la integración cultural es un proceso continuo, no un evento único. Un líder exitoso, según Fischler, es aquel que está dispuesto a aprender constantemente de otras culturas, entendiendo que la flexibilidad y el respeto por las diferencias son clave para liderar de manera efectiva. En el caso de Amir y Yi-Ling, esta lección sobre la comida les enseña que ser flexibles con las costumbres y hábitos ajenos enriquece su propia experiencia y fortalece sus lazos con los demás.

Resiliencia en la incomodidad: en el Camino de Santiago, Yi-Ling y Amir aprenden a lidiar con la incomodidad física de dormir en condiciones no ideales, un desafío que todo líder enfrenta en diferentes formas. En *Silent Messages*, Albert Mehrabian sostiene que el entorno físico impacta directamente en el comportamiento humano, y que los líderes deben desarrollar una resiliencia ante condiciones adversas. La capacidad de Yi-Ling y Amir para adaptarse a la incomodidad física de su entorno refleja cómo un líder puede aprender a manejar la presión en situaciones difíciles.

La tolerancia a la incomodidad es una cualidad que permite a los líderes mantener la calma y el enfoque en momentos de tensión. Mehrabian sugiere que el autocontrol y la capacidad de adaptación ante circunstancias que escapan del control del líder son rasgos esenciales para gestionar equipos en tiempos de crisis. Yi-Ling y Amir, al aceptar las incomodidades del albergue, ejemplifican cómo un líder debe mantenerse enfocado en los objetivos a pesar de las distracciones o dificultades del entorno.

Por último, la resiliencia emocional y física se refuerza con la experiencia. Así como la pareja aprende a lidiar con la incomodidad en su viaje, los líderes deben desarrollar estrategias para superar las adversidades. La adaptabilidad no solo se trata de aceptar el entorno, sino de aprender de él y utilizarlo como una oportunidad para fortalecer la capacidad de liderazgo.

Adaptabilidad y la diversidad en el liderazgo: el liderazgo efectivo en el siglo XXI requiere adaptabilidad a la diversidad, tanto cultural como individual. Los líderes que se enfrentan a entornos diversos, como lo hacen Yi-Ling y Amir en su interacción con las peregrinas colombianas, necesitan aprender a gestionar las diferencias de manera inclusiva. Según Fons Trompenaars en *Riding the Waves of Culture*, los líderes que adoptan un enfoque de inclusión en sus equipos son capaces de generar soluciones más creativas y fomentar un entorno de innovación. Al igual que en la historia, los líderes deben estar abiertos a la diversidad de pensamiento, costumbres y prácticas que enriquecen la dinámica grupal.

Para los líderes, la diversidad no debe verse como un desafío, sino como una oportunidad para el crecimiento personal y del equipo. Esto se logra integrando diferentes perspectivas culturales y estilos de trabajo, lo que fomenta la flexibilidad y la adaptabilidad. Trompenaars enfatiza que los líderes adaptables son aquellos que reconocen el valor de las diferencias y promueven una cultura inclusiva en la que todos los miembros se sientan valorados y respetados.

En última instancia, la adaptabilidad a la diversidad implica un liderazgo consciente y sensible, que va más allá de la simple tolerancia para fomentar una verdadera colaboración intercultural. Al igual que Amir y Yi-Ling aprenden de las colombianas en el Camino, los líderes deben estar dispuestos a aprender de las diferencias dentro de sus equipos, promoviendo la empatía y el entendimiento mutuo.

El liderazgo resiliente y la gestión del cambio: la gestión del cambio es uno de los aspectos más críticos del liderazgo adaptativo. En su libro *Leading Change*, John Kotter sostiene que los líderes deben aprender a ser resilientes frente a los cambios organizacionales y externos, igual que Yi-Ling y Amir se adaptan a las fluctuaciones del Camino. El liderazgo resiliente no es solo la capacidad de resistir las adversidades, sino de transformar esas adversidades en oportunidades para crecer y mejorar.

Los líderes deben ser capaces de mantener el rumbo incluso cuando las circunstancias cambian rápidamente, y deben fomentar una cultura que acepte el cambio como algo inevitable. Kotter argumenta que los líderes resilientes son aquellos que no solo sobreviven a las transformaciones, sino que las lideran de manera proactiva, manteniendo a sus equipos motivados y alineados con los objetivos organizacionales.

Además, el liderazgo resiliente requiere una mentalidad de aprendizaje continuo. Así como Yi-Ling y Amir encuentran lecciones en cada desafío del Camino, los líderes deben ver cada obstáculo como una oportunidad para aprender y adaptarse. El cambio puede ser incómodo, pero un líder adaptativo sabe cómo guiar a su equipo a través de la incertidumbre con confianza y dirección.

La inteligencia emocional y la adaptación en el liderazgo: la inteligencia emocional (IE) es un componente clave de la adaptabilidad en el liderazgo. Daniel Goleman, en su libro *Emotional Intelligence*, afirma que los líderes con alta IE son más capaces de adaptarse a situaciones emocionales complejas, ya que comprenden tanto sus propias emociones como las de su equipo. La historia de Yi-Ling y Amir muestra cómo la adaptabilidad emocional es crucial para mantener una conexión saludable, no solo entre ellos, sino con los demás peregrinos que conocen.

Un líder emocionalmente inteligente puede manejar los desafíos interpersonales de manera eficaz, especialmente en entornos donde las emociones están a flor de piel. Goleman destaca que la autoconciencia emocional y la gestión de las emociones son claves para mantener la calma en situaciones difíciles. Al igual que Yi-Ling y Amir manejan las diferencias emocionales y culturales en su viaje, un líder debe estar sintonizado con las emociones de su equipo y adaptarse a las diferentes dinámicas emocionales.

Finalmente, la empatía, uno de los pilares de la inteligencia emocional, permite a los líderes crear un ambiente de confianza y apertura. Un líder que se adapta emocionalmente a su equipo puede identificar cuándo las personas están enfrentando dificultades y ofrecer apoyo adecuado, manteniendo la moral alta y promoviendo una cultura de colaboración y bienestar.

Siete actividades para fomentar la Adaptabilidad

1. Rotación de roles y responsabilidades: la rotación de roles es una estrategia poderosa para fomentar la adaptabilidad, ya que expone a los empleados a nuevas habilidades y enfoques. Cuando los miembros del equipo cambian de roles, aprenden a ver los problemas desde diferentes perspectivas, lo que enriquece su capacidad de respuesta ante situaciones imprevistas. Esta práctica no solo promueve el aprendizaje de nuevas competencias, sino que también incrementa la empatía y la colaboración, al comprender mejor los desafíos de otros compañeros de equipo.

Desde el punto de vista de la empresa, la rotación de roles ayuda a mitigar los riesgos operacionales. Los colaboradores que dominan múltiples funciones son más ágiles y flexibles en momentos de crisis o cambios organizacionales. Además, esta estrategia prepara a los equipos para trabajar en entornos volátiles, en los que la capacidad de ajustar rápidamente las responsabilidades puede marcar la diferencia entre el éxito y el estancamiento.

Un estudio de Harvard Business Review demostró que los equipos que practican la rotación de roles son más innovadores y resilientes. Al cambiar de tareas, los colaboradores también desarrollan la habilidad de transferir conocimientos entre disciplinas, lo que impulsa la innovación y mejora su capacidad para adaptarse a entornos empresariales en constante cambio.

2. Simulaciones y ejercicios de resolución de crisis: las simulaciones de crisis son una herramienta eficaz para desarrollar la adaptabilidad en los equipos, especialmente en entornos en los que el cambio es constante. Estos ejercicios permiten que los empleados ensayen respuestas a situaciones difíciles en un entorno seguro y controlado. Al enfrentarse a escenarios simulados, los equipos practican la toma de decisiones bajo presión, lo que fortalece su capacidad para gestionar el estrés y la incertidumbre.

Un ejemplo común es la simulación de cambios inesperados en la estrategia de la empresa o en las condiciones del mercado. Estos ejercicios también pueden incluir la gestión de crisis como fallos en la cadena de suministro, pérdidas significativas de clientes o incluso interrupciones tecnológicas. Cada escenario desafía a los equipos a evaluar sus prioridades rápidamente, identificar soluciones creativas y ajustarse a las nuevas condiciones sin perder de vista los objetivos a largo plazo.

La investigación de John P. Kotter, en su libro *Leading Change*, enfatiza la importancia de las simulaciones para preparar a los líderes y equipos para cambios imprevistos. Al enfrentarse a escenarios de crisis simulados, los líderes aprenden a guiar a sus equipos a través de situaciones críticas, mejorando la cohesión del grupo y su capacidad para trabajar bajo presión.

3. Programas de mentoría cruzada: la mentoría cruzada es otra estrategia efectiva para desarrollar la adaptabilidad en los empleados. Este enfoque se basa en la creación de relaciones mentor-aprendiz entre empleados de diferentes departamentos o áreas de especialización. Los empleados que participan en programas de mentoría cruzada tienen la oportunidad de aprender de otros compañeros que operan en contextos o disciplinas distintas, lo que enriquece su comprensión del negocio y mejora su capacidad para enfrentar nuevos desafíos.

Estos programas no solo promueven el aprendizaje de nuevas habilidades técnicas, sino que también fomentan una mayor colaboración interdepartamental. A través de la mentoría cruzada, los empleados desarrollan una mentalidad más flexible, ya que aprenden a ver los problemas desde diferentes ángulos y adaptarse a enfoques alternativos. Este proceso también fortalece las relaciones entre equipos, lo que aumenta la cohesión general de la organización.

Además, la mentoría cruzada puede mejorar la resiliencia organizacional. Los empleados que participan en este tipo de programas tienden a estar más preparados para asumir roles de liderazgo o enfrentar transiciones en la estructura organizacional. La adaptabilidad se convierte en una habilidad natural cuando los empleados están expuestos a múltiples estilos de trabajo y disciplinas, permitiéndoles ajustar su enfoque según las demandas del entorno.

4. Fomento del aprendizaje continuo: el aprendizaje continuo es una piedra angular en el desarrollo de la adaptabilidad. Las organizaciones que promueven una cultura de aprendizaje perpetuo están mejor posicionadas para ajustarse a los cambios del mercado y a las innovaciones tecnológicas. El aprendizaje continuo puede adoptar muchas formas, desde la oferta de cursos de formación internos hasta la creación de programas de desarrollo personal que permitan a los empleados explorar nuevas áreas de conocimiento.

Cuando los colaboradores tienen acceso constante a oportunidades de aprendizaje, desarrollan una mentalidad de crecimiento, lo que significa que se sienten más cómodos al enfrentar nuevos retos y entornos desconocidos. Según Carol Dweck, autora de *Mindset*, las personas con una mentalidad de crecimiento creen que sus habilidades pueden desarrollarse a través del esfuerzo y la práctica. Esta mentalidad es esencial para la adaptabilidad, ya que los empleados están más dispuestos a aceptar cambios y a aprender nuevas habilidades para enfrentar desafíos.

Además, el aprendizaje continuo aumenta la retención de talento. Las empresas que invierten en el desarrollo de sus empleados no solo los preparan mejor para adaptarse, sino que también fomentan un ambiente donde los empleados se sienten valorados y motivados para contribuir a largo plazo.

5. Creación de espacios de retroalimentación: la retroalimentación constante es esencial para fomentar la adaptabilidad, ya que ayuda a los empleados a identificar áreas de mejora y ajustarse en tiempo real. Establecer un ciclo de retroalimentación abierta y regular permite a los equipos hacer correcciones rápidas y adaptarse a nuevas expectativas o cambios en la estrategia.

Kim Scott, en su libro *Radical Candor*, destaca que la retroalimentación sincera y constructiva no solo mejora el desempeño individual, sino que también prepara a los empleados para adaptarse rápidamente a nuevas circunstancias. La retroalimentación efectiva no se limita a señalar lo que no funciona; también debe centrarse en cómo los empleados pueden ajustar su enfoque para abordar futuros retos.

Además, un entorno en el que la retroalimentación es bienvenida fomenta una cultura de mejora continua. Los empleados se sienten más empoderados para adaptarse cuando saben que sus líderes y compañeros están comprometidos con su crecimiento y con el éxito del equipo. Esta mentalidad de mejora constante es clave para que los equipos puedan ajustarse rápidamente a los cambios organizacionales y de mercado.

6. Fomentar el trabajo en entornos de cambio: trabajar en entornos de cambio rápido es una de las maneras más efectivas de desarrollar la adaptabilidad en los empleados. Estos entornos, como startups o nuevos departamentos, exigen una alta tolerancia a la incertidumbre y la capacidad de tomar decisiones rápidas en condiciones cambiantes. Exponer a los empleados a este tipo de trabajo les ayuda a desarrollar la resiliencia y la habilidad para ajustar sus estrategias a medida que el contexto evoluciona.

En estos entornos, la planificación a largo plazo puede ser menos importante que la capacidad de adaptarse a lo inesperado. Los empleados que trabajan en situaciones dinámicas desarrollan la habilidad de equilibrar la urgencia con la precisión, ajustando sus prioridades constantemente para satisfacer las necesidades cambiantes. La investigación muestra que los empleados que experimentan este tipo de condiciones están mejor preparados para gestionar cambios futuros, tanto en sus roles como en la organización en general.

Los entornos de cambio rápido también fomentan el desarrollo de habilidades transversales, ya que los empleados deben aprender a asumir múltiples roles y trabajar con equipos diversos. Esta experiencia multidisciplinaria refuerza su adaptabilidad, permitiéndoles moverse con mayor agilidad entre diferentes responsabilidades y proyectos.

7. Fomentar el trabajo en proyectos interdisciplinarios: los proyectos interdisciplinarios ofrecen una oportunidad única para desarrollar la adaptabilidad en los colaboradores. Al unir a personas de diferentes áreas o departamentos, se crean equipos que deben trabajar juntos a pesar de sus diferentes enfoques, conocimientos y métodos de trabajo. Esta mezcla de disciplinas obliga a los miembros del equipo a adaptarse a nuevas formas de pensar y resolver problemas desde perspectivas variadas.

En un proyecto interdisciplinario, los colaboradores pueden aprender a colaborar más allá de sus especialidades. Por ejemplo, un ingeniero podría tener que trabajar con un diseñador o un experto en marketing para resolver un problema complejo. Este tipo de colaboración expone a los colaboradores a nuevas ideas y procesos, desarrollando su capacidad para adaptarse a diferentes estilos de trabajo y formas de pensar. Peter Senge, en *La quinta disciplina*, sostiene que la colaboración interdisciplinaria fomenta un aprendizaje más profundo y una comprensión holística de los problemas, lo que lleva a soluciones más innovadoras.

Además, estos proyectos enseñan a los colaboradores a adaptarse a roles flexibles. En lugar de apegarse a un rol estático, los miembros del equipo interdisciplinario pueden asumir diversas responsabilidades según las necesidades del proyecto. Este tipo de flexibilidad es clave para desarrollar la adaptabilidad en los empleados, ya que les enseña a ser versátiles y a asumir múltiples roles cuando las circunstancias lo exigen.

La travesía de Yi-Ling y Amir a lo largo del Camino de Santiago no solo es una metáfora de la resistencia física, sino una profunda lección sobre la adaptabilidad en todas sus formas. A medida que se enfrentan a obstáculos como las barreras del idioma, las diferencias culturales y las incomodidades físicas de dormir en albergues compartidos, ambos aprendieron a ajustarse a la realidad cambiante de cada etapa. La adaptabilidad que desarrollaron no surgió de un esfuerzo consciente por sobrevivir, sino de la capacidad para abrirse a lo desconocido, abrazar la diferencia y aprender de cada experiencia. Del mismo modo, en el liderazgo, la adaptabilidad no se limita a la gestión de lo inesperado, sino que se convierte en una oportunidad para encontrar nuevas formas de crecimiento personal y profesional.

En el ámbito del liderazgo, John Kotter, en su obra *Leading Change*, subraya que la capacidad de un líder para gestionar el cambio de manera resiliente es crucial para enfrentar la incertidumbre y guiar a los equipos a través de transformaciones organizacionales. Al igual que Yi-Ling y Amir, quienes se apoyaban mutuamente en momentos de dificultad, los líderes deben crear una cultura de apoyo mutuo y flexibilidad dentro de sus organizaciones. La adaptabilidad, según Ronald Heifetz en *Leadership Without Easy Answers*, no se trata solo de ajustar las estrategias en función de las circunstancias, sino de mantener la capacidad de aprender de cada experiencia, reconociendo que los desafíos se convierten en los mejores maestros. Un líder adaptativo, como Yi-Ling, es capaz de absorber las lecciones que le ofrece su entorno, adaptándose no solo a lo que el camino presenta, sino a las necesidades cambiantes de su equipo.

Las siete actividades para fomentar la adaptabilidad proporcionan un marco práctico que conecta las lecciones clave con la realidad empresarial y organizacional. Estrategias como la rotación de roles, la participación en simulaciones de cambio, y la promoción de una retroalimentación constante, que fortalecen la adaptabilidad y crean una cultura organizacional resiliente. Así como Yi-Ling y Amir aprovecharon cada paso en su camino como una oportunidad para aprender y crecer, los líderes deben adoptar una mentalidad similar en el mundo empresarial. Cada reto y cambio se convierte en una puerta abierta para el aprendizaje continuo. La adaptabilidad no solo implica reaccionar a lo que el entorno exige hoy, sino también anticipar lo que el futuro podría traer, con una mente abierta y un corazón dispuesto a evolucionar con cada desafío.

Al concluir el capítulo 6 sobre Adaptabilidad, hemos visto cómo la flexibilidad y la capacidad de ajustarnos a nuevas realidades son esenciales para superar los desafíos del liderazgo. A través de las historias de resiliencia y cambio, hemos aprendido que adaptarse no solo es una habilidad clave, sino una necesidad para avanzar en un mundo que se transforma constantemente. Reflexiona sobre cómo has enfrentado los cambios en tu propio camino y cómo eso ha fortalecido tu capacidad para liderar.

En el capítulo 7, nos sumergiremos en el servicio, el valor que corona esta travesía de liderazgo. Descubrirás que el verdadero poder de un líder no radica solo en su habilidad para guiar, sino en su disposición a servir a los demás, a dar sin esperar nada a cambio. Acompáñanos a explorar cómo el servicio transforma equipos, comunidades y vidas, y cómo puede convertir a un líder en un ejemplo a seguir. ¡Prepárate para inspirarte y dar un paso más hacia el liderazgo compasivo!

Aprendizaje No. 6 - Adaptabilidad

Junto a una encantadora pareja oriental celebrando su luna de miel en el Camino, específicamente en Portomarín, muy temprano, antes de iniciar nuestra caminata.

Tras la Misa del Peregrino en la Iglesia de Santa María en Belorado, compartimos reflexiones enriquecedoras con un sacerdote colombiano, profundizando nuestro viaje espiritual.

Un momento especial con nuestra querida amiga Chun Huei, quien nos enseñó el gesto de **"Gratitud"** con los dedos, un símbolo universal de amor en su cultura.

Capítulo 7

Servicio: De Sarria a Santiago

Desde que era una niña, Élodie siempre había sentido que el mundo se movía a un ritmo diferente al suyo. Vivía en una pequeña ciudad cerca de la costa de Normandía, donde cada paso y cada sonido parecían ir más rápido de lo que ella podía procesar. Sin embargo, desde pequeña, su familia amorosa fue un pilar de apoyo incondicional. Sus padres, ambos profesores, comprendieron que su hija veía el mundo de una forma única. Su madre, profesora de arte, la introdujo en la pintura y la restauración, despertando en ella un amor profundo por el arte y los detalles minuciosos. Su padre, profesor de historia, le enseñó a valorar las antiguas civilizaciones y la importancia de preservar la memoria cultural, una enseñanza que resonaría profundamente en Élodie durante toda su vida.

Élodie es una mujer de estatura media, con una figura esbelta que refleja los largos paseos que le gusta dar por la costa de Normandía. Su cabello castaño claro cae en ondas suaves hasta los hombros, a menudo recogido en un moño simple mientras trabaja en el museo. Sus ojos, de un tono verde grisáceo, tienen una mirada tranquila y concentrada, casi siempre enfocada en los pequeños detalles que captan su atención, como si cada imagen o escena le contara una historia que los demás no pueden ver. La piel de Élodie es clara, con algunas pecas que se intensifican en los meses de verano. Aunque su expresión suele ser serena, hay una cierta introspección en su semblante, como si estuviera constantemente procesando el mundo que la rodea a su propio ritmo. Emocionalmente, Élodie es reservada pero profunda, alguien que siente intensamente pero que le cuesta expresar sus emociones de manera convencional. La maternidad ha sido un pilar emocional para ella, dándole un propósito claro y un punto de anclaje en su vida.

La casa de Élodie, situada en una tranquila calle cerca de la costa normanda, es un reflejo de su personalidad. Es una casa de piedra gris, pequeña pero acogedora, con un jardín trasero en el que crecen flores silvestres que Mathieu, su hijo, a menudo recoge. El interior está decorado de manera simple y funcional, con muebles de madera clara y paredes en tonos suaves de blanco y beige. En la sala principal, donde pasa la mayor parte de su tiempo, hay un gran ventanal que da al jardín, y justo al lado de esa ventana, una mesa de trabajo en la que guarda sus herramientas de restauración y bocetos. La casa está llena de libros de arte, historia y naturaleza, los temas que siempre le han apasionado. A pesar de su tamaño, el hogar de Élodie es un espacio tranquilo, lleno de pequeñas piezas de arte que ella misma ha restaurado o creado, lo que le da una sensación de refugio y calma en medio de su mundo emocionalmente complejo.

Jean-Luc, su hermano mayor, siempre fue su protector. Aunque ahora viven en ciudades distintas, su relación sigue siendo cercana, y él fue uno de los primeros en apoyarla cuando decidió hacer el Camino de Santiago. Pero la vida de Élodie dio un giro importante cuando se casó y tuvo un hijo, Mathieu, quien ahora tiene 8 años. Aunque su matrimonio terminó en divorcio, Mathieu es su fuente de alegría y motivación diaria. Élodie, con su naturaleza reservada, volcó su energía en ser madre y en su trabajo como restauradora de arte, en el que encontraba consuelo en la rutina y la precisión. Ser madre ha sido un desafío, pero también ha sido un viaje de crecimiento personal.

El diagnóstico de autismo leve llegó cuando Élodie tenía 12 años, después de varias evaluaciones con especialistas que buscaban entender sus dificultades para adaptarse a los entornos sociales impredecibles. Aunque la noticia fue un desafío para la familia, no lo vieron como una limitación, sino como una oportunidad para entender mejor su forma de ser. Su padre fue un apoyo fundamental en este proceso. Con su carácter tranquilo y analítico, ayudó a Élodie a comprender su diagnóstico desde una perspectiva de autodescubrimiento y aceptación. A menudo le recordaba que su manera única de ver el mundo era una fortaleza, algo que la diferenciaba de los demás y que podía usar a su favor, tal como lo hacían los grandes personajes históricos de los que él hablaba.

Junto con su madre, que la guiaba en el arte, el padre de Élodie le brindaba estabilidad emocional, enseñándole que no había nada de malo en su necesidad de estructura y en su amor por el detalle. Su apoyo constante, especialmente durante los primeros años después del diagnóstico, ayudó a Élodie a encontrar su equilibrio. Él le mostraba que el conocimiento y la comprensión podían ser las mejores herramientas para navegar por la vida, ayudándole a desarrollar su capacidad para concentrarse y aprovechar sus talentos innatos en la restauración de arte y en la maternidad.

Élodie también contó con el apoyo incondicional de su hermano mayor, Jean-Luc, quien fue una figura clave en su vida durante los años difíciles tras su diagnóstico. Jean-Luc, que siempre fue protector y cercano, entendió las dificultades emocionales de su hermana, y aunque no siempre sabía cómo expresar su apoyo verbalmente, lo demostraba con su presencia constante. Desde que eran pequeños, Jean-Luc desarrolló una conexión especial con Élodie, protegiéndola de situaciones sociales incómodas y ayudándola a lidiar con los desafíos que se le presentaban en la escuela y en casa.

Durante los primeros años después del diagnóstico, Jean-Luc se convirtió en su compañero de aventuras, siendo alguien que no solo la cuidaba, sino que también la alentaba a salir de su zona de confort, pero siempre a su ritmo. Él le enseñaba que no había nada de malo en ser diferente, y que, al igual que ella, todos enfrentaban sus propios retos. A medida que crecieron y tomaron caminos distintos en la vida, su relación continuó siendo fuerte

En su vida adulta, Élodie trabaja como restauradora de arte en un pequeño museo local. Su atención al detalle y su capacidad para concentrarse durante largos periodos de tiempo le permiten hacer trabajos minuciosos que muchos no podrían realizar. El arte, para ella, es una forma de servicio, una manera de preservar la historia y las emociones de generaciones pasadas. Es en este trabajo en el cual encuentra su refugio y su conexión con el mundo. Sin embargo, ha sentido que, a pesar de su éxito profesional, hay algo que falta: una conexión más profunda con las personas y con ella misma.

La historia de Élodie y su conexión con el Camino de Santiago comienza de manera sutil, casi inesperada. Trabajando en el museo, rodeada de las obras de arte que restauraba, empezó a escuchar sobre este antiguo peregrinaje a través de los relatos de los visitantes. Varios peregrinos, después de haber completado el Camino, pasaban por el museo de Normandía y hablaban con admiración de la experiencia. Élodie, fascinada por las descripciones, comenzó a investigar más sobre el Camino de Santiago, especialmente intrigada por el concepto de servicio y comunidad que parecía tan central en los relatos de los peregrinos. Estas historias de personas que compartían experiencias de transformación la motivaron a profundizar en los detalles de este viaje espiritual.

Muchos de esos visitantes no solo venían de regreso del Camino de Santiago, sino que también pasaban por Normandía debido a su relevancia cultural y espiritual en la historia de las rutas de peregrinación. La región, famosa por la abadía del Mont Saint-Michel, había sido un punto de partida o parada para los peregrinos europeos durante siglos. Élodie escuchaba atentamente cuando hablaban de cómo algunos de ellos, buscando algo más que un recorrido tradicional, habían decidido visitar Normandía antes de emprender su camino hacia el sur. Esto despertó en ella una profunda curiosidad sobre cómo el Camino no solo servía como una ruta física, sino como un viaje espiritual lleno de encuentros inesperados y actos de servicio desinteresado entre los peregrinos.

Lo que más capturaba la imaginación de Élodie era el sentido de comunidad que todos los peregrinos describían. Había algo en la manera en que hablaban de compartir comida, de ayudar a desconocidos, de recibir ayuda cuando más lo necesitaban, que resonaba profundamente con ella. Como una mujer que siempre había luchado con las interacciones sociales debido a su autismo leve, este aspecto del Camino le parecía no solo hermoso, sino también desafiante y transformador. Decidió entonces que este viaje, que tantas personas describían como una forma de servir a los demás y a uno mismo, podría ser la oportunidad que necesitaba para reconectar con el mundo de una manera más significativa.

Antes de tomar la decisión final de emprender el Camino de Santiago, Élodie sabía que había una persona más importante con la que debía hablar: su hijo, Mathieu. Aunque solo tenía ocho años, Mathieu era una parte fundamental de su vida, y Élodie quería asegurarse de que comprendiera por qué iba a estar ausente durante una semana. Una tarde, se sentaron juntos en el pequeño jardín de su casa, donde a menudo pasaban tiempo hablando de sus días o jugando entre las flores. Con la misma paciencia que siempre mostraba en sus restauraciones, Élodie le explicó a Mathieu que este viaje era algo que necesitaba hacer para aprender más sobre sí misma y para poder ser una mejor madre para él. Le habló del Camino como una gran aventura, como las que él leía en sus libros, y le dijo que, aunque estaría lejos por un tiempo, él estaría en su corazón durante cada paso del recorrido.

Mathieu, con la inocencia de su edad, le preguntó si el Camino sería peligroso o si tendría que caminar mucho. Élodie le sonrió y le aseguró que estaría bien, que muchos otros peregrinos estarían caminando a su lado, y que cada día le enviaría mensajes para contarle cómo iba todo. Su hijo, aunque un poco preocupado al principio, comenzó a entusiasmarse por la idea de recibir noticias de su madre mientras ella caminaba por tierras lejanas. Además, Élodie le prometió traerle una pequeña concha de vieira, símbolo del Camino, como recuerdo de su aventura.

Élodie también compartió esta importante decisión con su familia. Reunió a sus padres y a su hermano Jean-Luc y junto a su hijo durante una comida familiar, como solían hacer los fines de semana. Nerviosa pero decidida, les explicó cómo, después de escuchar tantas historias de peregrinos en el museo, había sentido una necesidad interna de emprender su propio viaje. Les habló del significado espiritual y de comunidad que el Camino representaba, y de cómo este reto personal le ayudaría a reconectar consigo misma, mientras exploraba el concepto de servicio que tanto la había intrigado. Su madre, siempre su guía en temas artísticos y emocionales, la miró con una mezcla de orgullo y preocupación, recordándole que este viaje sería transformador, pero que debía cuidar de sí misma.

Su padre, con su calma habitual, le dijo que estaba seguro de que, como los grandes personajes históricos que tanto admiraban, Élodie encontraría su propia fuerza en esta travesía. Jean-Luc, como siempre, la apoyó de manera incondicional, recordándole que estaría a una llamada de distancia si alguna vez necesitaba apoyo. A pesar de la corta edad de Mathieu, él entendía lo importante que era este viaje para su madre, y eso le dio la confianza de apoyarla en su decisión, despidiéndola con un abrazo cálido cuando llegó el día.

La planificación del viaje, entonces, no solo incluyó la organización de lo que llevaría en su mochila, sino también la seguridad de que Mathieu estaría bien cuidado durante su ausencia. Élodie se aseguró de que su madre, la abuela de Mathieu, estaría allí para cuidarlo y mantener su rutina establecida mientras ella estaba en el Camino. Este acto de preparación emocional y logística fue parte del compromiso de Élodie tanto con su hijo como con ella misma. Al dejar todo organizado, desde el museo hasta el bienestar de Mathieu, Élodie sintió que estaba lista para comenzar el viaje con el corazón más ligero, sabiendo que su hijo la apoyaba y la esperaba con ansias de escuchar sus historias del Camino.

La planificación minuciosa de Élodie culminó en el día en que comenzó su Camino de Santiago, partiendo desde Sarria, un punto de inicio muy común para los peregrinos que buscan completar los últimos 100 kilómetros y obtener la Compostela. El viaje comenzó con un vuelo desde Francia hasta Madrid, donde se sintió abrumada por la magnitud de la ciudad, muy distinta a la calma de su pequeña localidad en Normandía. Al llegar a Madrid, su primer paso fue tomar un tren hasta Lugo, la ciudad más cercana a Sarria. Durante el trayecto, observó el cambio de paisajes, desde las vastas llanuras de Castilla hasta los verdes y ondulados campos de Galicia. Cada kilómetro recorrido la acercaba a una experiencia que, aunque llena de incertidumbres, también le prometía una transformación profunda.

Al llegar a Lugo, Élodie tomó un autobús hacia Sarria, una pequeña ciudad gallega que, desde el primer momento, la envolvió en su mezcla única de modernidad y tradición. Mientras el autobús se adentraba en las calles adoquinadas y serpenteantes, Élodie comenzó a sentir una energía diferente. Los primeros peregrinos que vio, con sus mochilas y bastones de senderismo, despertaron en ella una sensación de pertenencia. Por primera vez, sentía que estaba realmente en el Camino. Aunque las calles estaban llenas de vida cotidiana, había algo especial en el aire, una calma que contrastaba con el bullicio de los comercios y restaurantes, y que parecía impregnar cada rincón de la ciudad.

El albergue donde se alojó esa noche era un reflejo del alma de Sarria: sencillo pero acogedor, con paredes de piedra que parecían haber sido testigos de siglos de historias de peregrinos. Mientras se instalaba, Élodie pudo percibir una atmósfera de respeto y reverencia. Las literas de madera y los suelos gastados contaban las innumerables caminatas que habían comenzado o pasado por ese lugar. Al salir a caminar por las estrechas calles al atardecer, observó la iglesia de Santa Mariña en el centro del pueblo, un edificio de arquitectura románica que le transmitía una sensación de espiritualidad profunda. Aunque Sarria era un lugar pequeño, su significado en el Camino era inmenso; cada piedra parecía contar una historia de fe, esfuerzo y comunidad.

Mientras Élodie caminaba por las calles de Sarria, observaba cómo la ciudad había crecido para acoger a los peregrinos de todas partes del mundo. Tiendas que ofrecían bastones, conchas de vieira, y otros suministros esenciales para el Camino se alineaban a lo largo de las calles principales, mientras los bares y restaurantes se llenaban de caminantes que compartían historias y consejos. En el corazón de la ciudad, el malecón junto al río ofrecía un respiro, un lugar donde los peregrinos podían detenerse, descansar y reflexionar. Mientras paseaba por este sendero tranquilo, Élodie notaba cómo el agua del río reflejaba su propio viaje interno: fluía en calma, pero con dirección clara hacia un destino mayor. Los lugareños saludaban amablemente a los peregrinos, conscientes de que cada paso en el Camino es un paso hacia la introspección y el crecimiento personal.

Cuando Élodie finalmente llegó al albergue, guiada por Google Maps, sintió una mezcla de alivio y nerviosismo. Después de la caminata por las calles de Sarria, rodeada de peregrinos y locales, entrar en el albergue fue como entrar en una nueva fase de su viaje. Al cruzar la puerta, se encontró con el bullicio de conversaciones en varios idiomas, las literas de madera alineadas en la habitación común, y un ambiente cargado de camaradería entre los caminantes. Aunque estaba acostumbrada a la tranquilidad de su vida en Normandía, en ese momento sintió el impacto de la comunidad del Camino.

Fue allí donde conoció a Manuel, el hospitalero. Con su sonrisa cálida y su actitud tranquila, Manuel la recibió con una amabilidad que inmediatamente la hizo sentir más cómoda. A pesar de que el ambiente era nuevo para Élodie, la presencia de Manuel y su ofrecimiento de un té caliente la hicieron sentir cuidada. Mientras él le explicaba las reglas del lugar y la importancia del respeto entre peregrinos, Élodie empezó a comprender que el servicio mutuo que había escuchado en tantas historias del Camino comenzaba con esos pequeños gestos.

Manuel era un hombre que llevaba el Camino de Santiago en el corazón, no solo por haberlo recorrido seis veces, sino porque encontró en él una forma de vida. Nacido y criado en Valencia, Manuel trabajó toda su vida como maestro de escuela antes de retirarse. Su amor por las caminatas y su búsqueda de un propósito más profundo en su jubilación lo llevaron a recorrer el Camino por primera vez, una experiencia que lo transformó de manera tan profunda que decidió dedicar parte de su vida a servir a los peregrinos.

Después de completar el Camino en varias ocasiones, decidió convertirse en hospitalero, trabajando en albergues como voluntario. Manuel sentía que ser hospitalero le permitía continuar caminando el Camino, aunque no lo hiciera físicamente. «*Cada peregrino que entra por la puerta me recuerda mi propia travesía*», solía decir. En sus años como hospitalero, ha escuchado miles de historias, ha visto llegar a peregrinos cansados y ha compartido momentos de silencio y reflexión con ellos. Su trabajo no solo consiste en ofrecer un lugar para descansar, sino en proporcionar apoyo emocional, compartir una sonrisa o una palabra de aliento en los momentos más difíciles.

El trato de Manuel con los peregrinos siempre fue dulce y paciente. Su filosofía era que el servicio en el Camino era un acto continuo de generosidad, y le encantaba compartir sus experiencias personales con aquellos que estaban dispuestos a escuchar. Aunque en su juventud Manuel era un hombre reservado, su tiempo en el Camino le enseñó el poder de la conexión humana, algo que lo cambió profundamente. Desde entonces, ha visto el servicio no como un deber, sino como un privilegio, una manera de devolver al Camino todo lo que él mismo recibió durante sus peregrinaciones.

Manuel, dedicó tiempo a explicarle a Élodie las normas de convivencia del albergue, algo que hacía con cada peregrino recién llegado. No solo era una cuestión de reglas, sino de mantener el respeto y la armonía entre quienes compartían espacio. «*Aquí, todos somos iguales, cada uno aporta lo que puede y todos nos cuidamos unos a otros*»«, le dijo mientras le sonreía. Manuel continuó explicando que una de las lecciones más importantes del Camino era aprender a recibir tanto como a dar. *«Aquí, en el albergue, nos ayudamos unos a otros no porque esperamos algo a cambio, sino porque eso es lo que hace el Camino especial. Es un lugar donde las conexiones humanas y los pequeños actos de generosidad nos recuerdan lo que realmente importa».*

Para Élodie, estas palabras fueron un punto de inflexión. Comenzó a ver el servicio no solo como un deber hacia los demás, sino como una manera de conectar y compartir con otros, sin las barreras habituales que había experimentado en su vida. Después de explicarle el funcionamiento del albergue, la invitó a pasar al comedor, donde un grupo de peregrinos ya se había reunido para cenar.

Esa noche, Élodie pudo experimentar el verdadero espíritu de camaradería del Camino de Santiago. Mientras compartía una sencilla cena con otros peregrinos, observaba cómo, a pesar de venir de distintas partes del mundo, había algo que los unía. Élodie se sentó en una mesa compartida con otros peregrinos. A su lado, una mujer alemana y un hombre italiano conversaban en un inglés básico sobre sus experiencias previas en el Camino. Aunque no participaba mucho en la conversación, escuchaba atentamente, absorbiendo las historias de superación y de pequeños actos de bondad que los peregrinos se ofrecían unos a otros en los días de caminata.

Frente a ella un plato sencillo: una sopa de verduras, humeante y reconfortante, acompañada de un pan fresco que Manuel había preparado para los peregrinos que llegaban tarde. Mientras tomaba su primera cucharada, el sabor cálido y familiar le recordó las comidas caseras de su infancia, pero lo que realmente captó su atención fue el acto de compartir esta comida con extraños. Aunque estaba acostumbrada a la soledad y al silencio en las comidas, esta experiencia era diferente. A su alrededor, los demás peregrinos conversaban en una mezcla de idiomas, y aunque ella no participaba activamente en las conversaciones, su presencia en la mesa ya era una forma de conexión.

Con cada bocado, Élodie comenzó a reflexionar sobre el significado de lo que estaba viviendo. El acto de compartir una comida con desconocidos le enseñaba algo esencial sobre el servicio. No era solo la comida en sí, sino el hecho de que cada peregrino, en su simplicidad, aportaba algo al grupo. Algunos compartían historias de sus días de caminata, mientras otros simplemente sonreían o se ofrecían a pasar el pan. Cada gesto, por pequeño que fuera, se volvía una contribución valiosa a la comunidad que estaban formando en ese momento.

Para Élodie, quien solía sentirse fuera de lugar en interacciones sociales, esta cena fue reveladora. Se dio cuenta de que el servicio no tenía que ser grandioso o elaborado; podía ser tan simple como ofrecer una sonrisa, escuchar a alguien que necesitaba hablar, o compartir un momento de tranquilidad alrededor de una mesa. Aunque no conocía a esas personas antes de esa noche, se sintió conectada a ellos a través de estos pequeños gestos de generosidad y humanidad, que representaban la esencia del Camino.

Élodie estaba a punto de experimentar uno de los desafíos más grandes para alguien con autismo, dormir en un lugar compartido con desconocidos. Aunque estaba acostumbrada a su rutina solitaria en casa, donde todo estaba bajo su control, el albergue ofrecía una experiencia totalmente distinta. Las literas compartidas, el ruido constante de peregrinos moviéndose, y las conversaciones en diferentes idiomas le generaban cierta ansiedad. Su sensibilidad a los sonidos la hacía más consciente de cada pequeño ruido: los pasos ligeros de quienes se levantaban al baño, los crujidos de las literas al moverse y los susurros de conversaciones lejanas. Sin embargo, a pesar de la incomodidad inicial, la calidez de Manuel y el ambiente de camaradería en el albergue la ayudaron a relajarse poco a poco.

Para Élodie, encontrar el equilibrio entre su necesidad de orden y la fluidez del Camino era un reto constante. Esa noche, antes de dormir, intentó centrar su atención en su respiración, una técnica que había aprendido para lidiar con la ansiedad. Pensaba en Mathieu, en su hijo, y en cómo cada paso que daría en los días siguientes la acercaría no solo a Santiago, sino a una mejor comprensión de sí misma. Aunque le costó conciliar el sueño al principio, finalmente se dejó llevar por la sensación de comunidad y el confort que, de alguna manera, la presencia de los demás le proporcionaba. A pesar de las interrupciones y los sonidos del albergue, Élodie logró descansar, sabiendo que ese primer día en el Camino había sido una prueba superada, y con la esperanza de lo que le esperaba por delante.

A la mañana siguiente, Élodie se levantó temprano, justo cuando el sol comenzaba a asomarse por el horizonte. Mientras aún preparaba su mochila, notó algo que le sacó una sonrisa: Manuel, el hospitalero, caminaba por el albergue con su característica bata de baño azul. Esta bata, con un pequeño dragón bordado en la espalda, parecía extraña en ese entorno de peregrinos, pero tenía un significado muy especial. Cuando Élodie le preguntó sobre ella, Manuel sonrió con nostalgia y le explicó que había sido un regalo de su nieta, quien decía que el dragón lo protegería siempre. A pesar de lo peculiar de la prenda, Manuel la vestía con orgullo cada mañana, recordando el amor y los lazos familiares que lo conectaban al hogar, algo que, para él, hacía el Camino aún más significativo.

Antes de despedirse, Manuel le deseó un sincero «Buen Camino», y Élodie, aún inmersa en la magia del momento, le preguntó qué significaba exactamente esa frase tan común entre los peregrinos. Manuel, con su característica dulzura, le explicó: «Es más que un saludo, es un deseo profundo. Es desear que tu Camino esté lleno de descubrimientos, tanto externos como internos, que cada paso te acerque a lo que buscas. No importa en qué idioma lo digas, el mensaje es siempre el mismo: paz, fortaleza y una conexión con los demás peregrinos», Élodie asintió, sintiendo el peso y la belleza de esas palabras, comprendiendo que el Camino de Santiago no solo era una ruta física, sino un viaje de transformación personal y de servicio mutuo.

Con su mochila lista y las palabras de Manuel aún resonando en su mente, Élodie salió a las calles de Sarria. A medida que caminaba, los nervios del día anterior se transformaron en una mezcla de calma y determinación. El aire fresco de la mañana, el sonido de las campanas de la iglesia, y la vista de otros peregrinos comenzando su jornada le dieron una nueva perspectiva. Aunque todos los caminantes tenían diferentes razones para estar allí, se dio cuenta de que compartían un mismo propósito: llegar a Santiago. Cada paso que daba la acercaba no solo al destino final, sino también a una experiencia de crecimiento personal. Con la bata azul de Manuel aún en su mente, Élodie inició su propio viaje, lista para enfrentar los retos del Camino con el corazón abierto y la mente dispuesta a aprender de cada encuentro y desafío.

Poco a poco, Élodie se dio cuenta de que el Camino no solo era un viaje físico, sino un espacio en el que las personas podían conectar profundamente con ellas mismas y con otros. Leía sobre cómo los peregrinos, al caminar, se ayudaban mutuamente de maneras pequeñas pero significativas, como compartir comida, ofrecer palabras de ánimo o simplemente caminar juntos en silencio. Para alguien como Élodie, cuya vida había estado marcada por un fuerte sentido de independencia y cierta distancia social debido a su autismo leve, el Camino representaba una oportunidad para explorar lo que significaba estar al servicio de los demás, incluso si no era de manera verbal o explícita.

Durante su caminata, una de las primeras interacciones de Élodie ocurrió de forma natural, casi inevitable. Al pasar junto a un grupo de peregrinos que se habían detenido a descansar, uno de ellos, una mujer mayor de Italia, la saludó con una sonrisa cálida y le ofreció un espacio para sentarse a su lado. Élodie, aunque reacia al principio, aceptó la invitación. A pesar de que el ruido de la multitud la abrumaba un poco, la serenidad de la mujer mayor la tranquilizó. La conversación fue breve, limitada a los gestos y palabras que compartían en común. Sin embargo, en ese momento, Élodie experimentó un sentido profundo de conexión humana, algo que había estado buscando en su vida, pero que rara vez había encontrado.

Con el tiempo, comenzó a darse cuenta de que no necesitaba iniciar conversaciones para interactuar con los demás peregrinos. Sus acciones hablaban por ella. Una tarde, mientras caminaba cuesta arriba hacia un pequeño pueblo, notó que un joven peregrino había perdido su bastón de apoyo. Sin pensarlo mucho, recogió el bastón y corrió para devolvérselo. El joven, sorprendido por el gesto, le dio las gracias en español, a lo que ella respondió con una simple sonrisa. Fue en estos pequeños momentos que Élodie comenzó a descubrir una verdad simple pero poderosa: el servicio a los demás no siempre requiere grandes actos, sino pequeños gestos que, acumulados, tienen un impacto profundo.

Su habilidad para notar los detalles que otros pasaban por alto le permitió contribuir de maneras únicas durante su peregrinación. En una ocasión, mientras descansaba en un albergue de Portomarín, Élodie escuchó a un grupo de peregrinos conversando sobre la historia del Camino de Santiago. Aunque normalmente era reservada, no pudo evitar interesarse en la conversación. Con su profundo conocimiento del arte sacro y la historia de los peregrinos medievales, decidió intervenir tímidamente y comenzó a compartir detalles fascinantes sobre las tradiciones de los primeros peregrinos, desde los símbolos que llevaban hasta los rituales que seguían al llegar a Santiago.

Lo que comenzó como una pequeña intervención se convirtió rápidamente en una conversación animada. Los peregrinos, fascinados por su conocimiento, comenzaron a hacerle preguntas, enriqueciendo la charla con sus propias experiencias y curiosidades. Élodie, quien siempre había sido más observadora que participativa, se sorprendió de lo fácil que era conectar con los demás a través de un interés común. Por primera vez en mucho tiempo, sintió que pertenecía a algo más grande que ella misma. Su aporte no solo ayudó a los demás a entender mejor el Camino, sino que también la hizo sentir parte de una comunidad, en la cual el conocimiento y las experiencias se compartían de manera libre y desinteresada, algo que representaba la esencia misma del peregrinaje.

A medida que Élodie continuaba su Camino de Santiago, comenzó a notar cómo pequeñas interacciones la transformaban. Aunque al principio se mantenía en los márgenes, observando más que participando, lentamente fue ganando confianza. No necesitaba hablar demasiado para sentirse conectada con los demás; el simple hecho de caminar junto a otras personas, compartiendo el mismo sendero y propósito, la hacía sentir parte de una comunidad. En esa caminata compartida, empezó a descubrir el valor del silencio como una forma de comunicación y servicio. El solo estar presente, caminando en sincronía con otros, ya era una forma de apoyo, una manera de estar ahí para quienes necesitaban compañía.

Uno de los momentos más significativos ocurrió cuando, tras varios días de caminar, Élodie se encontró en una pequeña capilla. Allí, se ofrecían servicios a los peregrinos, como bendiciones, alimentos y refugio. Élodie, siempre observadora, notó que un grupo de peregrinos estaba luchando con una oración escrita en latín, parte de una ceremonia tradicional en la capilla. Sin dudarlo, se acercó y les ofreció su ayuda. Aunque se comunicaba con timidez, su profundo conocimiento del arte sacro y la historia del Camino le permitieron explicar el significado de la oración y guiar a los peregrinos a través de la ceremonia. Fue en ese instante que Élodie comprendió que, a pesar de su tendencia a la reserva, su conocimiento y habilidades podrían ser una forma valiosa de servicio para otros.

A medida que los días pasaban, Élodie también descubrió que el servicio no solo consistía en dar, sino también en recibir. Durante una de las caminatas más agotadoras, cuando las colinas y el calor comenzaron a pesarle, un grupo de peregrinas chinas que había conocido unos días antes se acercó a ella. Sin decir mucho, una de ellas le ofreció un poco de agua fresca, mientras otra compartía un bocadillo que había guardado. Aunque Élodie solía rechazar este tipo de gestos, sintió que aceptar ayuda también era parte de su propio crecimiento. Al recibir con gratitud, entendió que el servicio no solo fluye en una dirección; es un ciclo en el que dar y recibir son igualmente importantes.

Con cada interacción, Élodie iba comprendiendo que el Camino de Santiago no solo la estaba ayudando a descubrir nuevas formas de servicio a los demás, sino que también le estaba enseñando a servirse a sí misma de maneras que nunca había imaginado. La transformación interna que experimentaba era tan importante como las experiencias compartidas con los demás peregrinos. Su autismo, lejos de ser una barrera, le permitió conectarse de manera única, demostrando que el servicio puede tomar muchas formas, todas ellas válidas y poderosas.

La evolución de Élodie en el Camino de Santiago fue gradual, pero profundamente transformadora. Con cada paso, cada encuentro y cada momento de reflexión, fue descubriendo aspectos de sí misma que nunca había reconocido antes. El servicio, tanto el que ofrecía a los demás como el que recibía, fue la clave para esta transformación. Su viaje no solo fue una experiencia física y espiritual, sino también un proceso de autodescubrimiento, en el que comenzó a redefinir su valor personal y su lugar en el mundo.

Uno de los puntos clave en su evolución fue la aceptación de sus limitaciones y la comprensión de que estas no la definían. A lo largo de su vida, el autismo había sido visto por muchos como una barrera, algo que la aislaba de los demás. Sin embargo, en el Camino, Élodie empezó a ver su condición de manera diferente. Los silencios que a menudo la hacían sentir incómoda en situaciones sociales ahora se convertían en su fortaleza, ya que le permitían observar con mayor profundidad y empatizar con los peregrinos que también luchaban con sus propios desafíos. Su presencia calmada y observadora no solo la ayudó a entender mejor a quienes la rodeaban, sino que también le permitió ofrecer un servicio único: ser el refugio silencioso y atento que muchos necesitaban sin saberlo.

Este proceso de autocomprensión culminó una tarde, mientras caminaba sola por una larga meseta que parecía no tener fin. El cansancio físico y mental comenzaba a pesar, y por primera vez desde que inició el Camino, Élodie se permitió detenerse, cerrar los ojos y simplemente respirar. En ese momento de introspección, comprendió algo fundamental: el servicio hacia uno mismo es tan necesario como el servicio hacia los demás. Si bien había aprendido a ayudar a otros, a cuidar y guiar a los que encontraba en su camino, también necesitaba aprender a servirse a sí misma. A cuidar su mente, sus emociones, y a aceptar que no necesitaba ser perfecta para ser valiosa.

Finalmente, Élodie se dio cuenta de que su autismo, una vez percibido como una limitación, le permitía experimentar el mundo con una claridad y una atención a los detalles que otros no siempre podían ver. En lugar de luchar contra lo que la hacía diferente, comenzó a abrazarlo como parte de su identidad. Este entendimiento le dio una profunda paz interior y le permitió, por primera vez, caminar sin la ansiedad que la había acompañado durante tanto tiempo.

Al llegar a la última etapa del Camino, se sentía renovada, no solo física, sino también emocional y espiritualmente. El Camino había sido para ella una lección de servicio en todas sus formas: hacia los demás, hacia uno mismo y hacia la vida misma. Al final, comprendió que el verdadero servicio no era solo un acto hacia el exterior, sino una práctica constante de compasión y autocompasión, donde cada paso que damos —en la vida y en el Camino— es una oportunidad para crecer, aprender y servir.

Servicio y liderazgo

En el contexto del liderazgo, el servicio se convierte en una herramienta poderosa que transforma la gestión de equipos y organizaciones. Bernardo Kliksberg, considerado uno de los mayores expertos en capital social y ética del desarrollo, plantea en su obra «Más ética, más desarrollo» que el liderazgo ético no puede desvincularse de la vocación de servicio. Para Kliksberg, el líder no solo se concentra en la productividad o los resultados, sino en servir a las necesidades de las personas, asegurando su bienestar. Este enfoque se alinea con lo vivido por Élodie en su Camino, donde descubre que servir no solo beneficia a quienes recibe, sino que también enriquece al que da.

Por otro lado, autores como José Antonio Marina en su obra «El aprendizaje de la sabiduría» destacan que el servicio dentro del liderazgo tiene una dimensión aprendible. Un líder no nace con la capacidad innata de servir a su equipo; esta habilidad se cultiva mediante la práctica de la empatía, la escucha activa y la humildad. Marina señala que estos valores son esenciales para fomentar un entorno de trabajo en el que todos se sientan parte del equipo, algo que se ve reflejado en cómo Manuel en la historia de Élodie sirve a los peregrinos, recordándoles que el acto de servir fortalece la cohesión.

Finalmente, el filósofo y escritor español Fernando Savater, en su libro «Ética para Amador», afirma que el servicio al otro es un pilar fundamental de la ética aplicada al liderazgo. Según Savater, un buen líder no se preocupa solo por su desarrollo personal, sino por cómo puede influir positivamente en los demás. Este concepto se traduce directamente en el viaje de Élodie, quien, a través de gestos pequeños pero significativos, aprende que el liderazgo y el servicio se entrelazan cuando el enfoque está en el bien común.

Conexión y servicio mutuo: el servicio mutuo es un elemento clave en el liderazgo efectivo y uno de los temas más destacados en el contexto del Camino de Santiago. Adela Cortina, catedrática en filosofía ética y autora de «Ética de la razón cordial», argumenta que el liderazgo debe construirse sobre la base de relaciones de confianza y cooperación. La reciprocidad y la colaboración generan un entorno en el cual las personas se sienten valoradas, lo que resulta en equipos más comprometidos y eficaces. En la historia de Élodie, cada pequeña interacción —como recibir un gesto de ayuda de otros peregrinos— refuerza este concepto, mostrando cómo el servicio mutuo genera una cadena de bienestar que beneficia a todos.

El escritor y conferencista Carlos Llano Cifuentes, en su obra «El ejecutivo: virtud de prudencia», también destaca el poder de la colaboración como elemento transformador en el liderazgo. Llano sugiere que el líder debe ser un facilitador de oportunidades, propiciando que sus colaboradores se apoyen mutuamente para alcanzar metas comunes. Esta idea de liderazgo colaborativo se manifiesta cuando Élodie, que inicialmente se mantenía distante de los demás, se da cuenta de que el servicio mutuo no solo ayuda a los demás, sino que la transforma a ella también.

Asimismo, el autor argentino Juan Carlos Cubeiro, en su libro «Liderazgo Guardiola», afirma que la confianza mutua es uno de los pilares que sostienen el liderazgo efectivo. Según Cubeiro, los líderes deben construir equipos basados en relaciones genuinas de apoyo mutuo, en los que cada miembro tenga claro que puede contar con los demás, algo que Élodie experimenta en el Camino al recibir y ofrecer ayuda en momentos cruciales. Esto subraya la importancia de construir redes de solidaridad y colaboración, esenciales en cualquier equipo.

Servicio desde la introspección: el servicio hacia uno mismo, como parte del liderazgo, también es crucial. Francesc Torralba, filósofo y teólogo español, en su obra «El arte de saber estar solo», señala que el liderazgo auténtico comienza por el autoconocimiento y la autoaceptación. Torralba argumenta que los líderes deben aprender a conectar con su interior antes de poder guiar a otros, una lección que Élodie descubre en el Camino cuando empieza a aceptar sus propias limitaciones y a valorarlas como fortalezas. El líder, al igual que el peregrino, necesita hacer pausas para reflexionar y ajustar su rumbo, tanto personal como profesional.

El psicólogo y escritor chileno Jorge Bucay, en su libro «El camino de la autodependencia», también resalta que el liderazgo basado en el servicio hacia los demás comienza con la autosuficiencia emocional. Bucay afirma que quienes se conocen y aceptan a sí mismos son capaces de liderar de manera más compasiva y efectiva. Élodie, al comprender su autismo como parte de su identidad y fortaleza, nos muestra cómo el servicio interno lleva a un liderazgo más conectado y auténtico.

Además, Álex Rovira, escritor y conferenciante español, en «La brújula interior», subraya que el liderazgo auténtico requiere un equilibrio entre el servicio a los demás y el cuidado personal. Para Rovira, un líder debe saber cuándo tomarse un descanso, reflexionar y reconectar con su propósito. Esta idea se refleja cuando Élodie descubre que, para servir mejor a los demás, también necesita servirse a sí misma, cuidando su mente y sus emociones durante el Camino.

La colaboración como eje del liderazgo: la colaboración es uno de los pilares fundamentales en el liderazgo centrado en el servicio. En el ámbito organizacional, Adela Cortina, en su libro «Ética de la razón cordial», resalta que la colaboración surge cuando las personas se ven a sí mismas como parte de un todo mayor, no como competidores individuales. Este principio se ve reflejado en el Camino de Santiago, en el que los peregrinos, como Élodie, descubren que al compartir experiencias y recursos, el viaje se vuelve más llevadero y significativo. Para Cortina, un líder efectivo fomenta el trabajo colaborativo, lo que permite que los equipos trabajen unidos hacia un objetivo común.

José María Gasalla, autor de «Confianza: la clave para el éxito personal y empresarial», afirma que la confianza es el factor que más fortalece la colaboración dentro de las organizaciones. Gasalla subraya que los líderes serviciales son aquellos que promueven un ambiente de confianza, en el cual los miembros del equipo se sienten cómodos al colaborar y apoyarse mutuamente. Élodie, al involucrarse más con los peregrinos, empieza a construir relaciones de confianza, un aspecto esencial que transforma su experiencia y la hace más enriquecedora.

El filósofo español Fernando Savater, en «El valor de educar», también menciona que la educación en valores es clave para que los líderes puedan guiar a sus equipos hacia una colaboración efectiva. Savater subraya que, al fomentar valores como el respeto y la empatía, los líderes no solo sirven a su equipo, sino que crean un entorno donde la colaboración es natural. Esta filosofía de liderazgo colaborativo es similar a la que Manuel promueve en el albergue, al enseñar a los peregrinos a apoyarse entre sí.

El liderazgo transformador a través del ejemplo: los líderes serviciales deben ser ejemplos para sus equipos. Juan Carlos Cubeiro, en su libro «Liderazgo Guardiola», explica que el liderazgo transformacional se basa en inspirar a otros mediante el ejemplo, una cualidad que Manuel encarna cuando Élodie lo observa en su papel de hospitalero en el Camino. Cubeiro afirma que los líderes efectivos no solo hablan de valores, sino que los viven en su día a día, lo que inspira a sus seguidores a hacer lo mismo. Este tipo de liderazgo es fundamental para generar un cambio profundo y duradero en las organizaciones.

La capacidad de un líder de liderar con el ejemplo también es destacada por Álex Rovira en «La buena suerte», donde enfatiza que un líder que actúa de acuerdo con sus principios y valores genera un impacto positivo en los demás. Para Élodie, el comportamiento de Manuel se convierte en un espejo en el que ella comienza a entender que el liderazgo también es hacer lo que se predica, siendo este uno de los aspectos que más la transforma a lo largo de su Camino.

Francesc Miralles, en «El laberinto de la felicidad», refuerza esta idea al señalar que el ejemplo es una de las formas más poderosas de influencia. Miralles menciona que los líderes que practican lo que predican crean un entorno de integridad y coherencia, en el que sus equipos se sienten motivados a seguir sus pasos. Este enfoque es clave para que los líderes puedan generar confianza y respeto, cualidades esenciales en un liderazgo basado en el servicio.

El autoconocimiento como base del liderazgo servicial: el autoconocimiento es esencial para cualquier líder que desee servir a su equipo de manera efectiva. Según Fernando Alberca, en su libro «Todos los niños pueden ser Einstein», la capacidad de conocerse a sí mismo permite a los líderes comprender sus fortalezas y debilidades, lo que a su vez les ayuda a liderar con más autenticidad. En el caso de Élodie, su viaje en el Camino de Santiago es una oportunidad para profundizar en su autoconocimiento, un proceso que la ayuda a convertirse en una mejor persona y líder.

Para Bernabé Tierno, autor de «El triunfo del corazón», el liderazgo basado en el autoconocimiento no solo ayuda a los líderes a guiar mejor a su equipo, sino que también les permite entender las necesidades emocionales y profesionales de los demás. Tierno destaca que, para servir de manera efectiva, un líder debe estar alineado con su propósito personal, algo que Élodie aprende al enfrentarse a sus propias limitaciones y descubrir nuevas formas de conectarse con los demás.

Además, Pablo Maella, en su obra «La trampa del talento», sostiene que el autoconocimiento ayuda a los líderes a evitar caer en la trampa de la arrogancia o la sobreestimación de sus capacidades. Maella menciona que los líderes que se conocen bien a sí mismos son más realistas y equilibrados, cualidades que les permiten servir de manera más eficiente y con mayor humildad, tal como Élodie descubre a lo largo de su Camino.

La empatía como motor del servicio: la empatía es una cualidad crucial para cualquier líder que aspire a liderar con servicio. Adela Cortina, en su obra «*Aporofobia, el rechazo al pobre*», señala que la empatía es la base para construir relaciones auténticas y crear un entorno de respeto mutuo. Un líder empático no solo se pone en el lugar de los demás, sino que también actúa para aliviar las dificultades que puedan enfrentar. Élodie experimenta la empatía cuando comienza a interactuar con otros peregrinos, entendiendo que compartir sus experiencias es una forma de conectar profundamente con los demás.

Para José Antonio Marina, en su obra «La inteligencia fracasada», la empatía es una herramienta indispensable para el liderazgo efectivo. Marina argumenta que los líderes que practican la empatía generan confianza y lealtad en sus equipos, cualidades esenciales para el éxito organizacional. Manuel, en su papel de hospitalero, practica la empatía al recibir a cada peregrino con una sonrisa y ofrecerles su apoyo, independientemente de sus orígenes o circunstancias.

Finalmente, Luis Huete, en su libro «Construye tu sueño», afirma que la empatía en el liderazgo implica no solo comprender las emociones de los demás, sino también crear oportunidades para su crecimiento. Huete sostiene que un líder empático es aquel que está comprometido con el desarrollo de su equipo, y que utiliza la empatía como una guía para tomar decisiones que beneficien a todos. Élodie, a medida que avanza en su Camino, aprende que la empatía no es solo una cuestión emocional, sino una herramienta de liderazgo que le permite conectar y servir mejor a los demás.

La resiliencia en el liderazgo servicial: la resiliencia es una cualidad clave en los líderes que buscan guiar a sus equipos con un enfoque de servicio. Jorge Bucay, en su libro «El camino de las lágrimas», destaca que la capacidad de superar la adversidad es una de las mayores fortalezas de un líder servicial. Bucay señala que un líder resiliente no solo resiste las dificultades, sino que aprende de ellas y utiliza esas lecciones para mejorar su capacidad de servir a los demás. Élodie, en su travesía por el Camino de Santiago, demuestra resiliencia al enfrentar sus propios miedos y limitaciones, lo que la convierte en una mejor líder y ser humano.

El concepto de resiliencia también es explorado por Carlos Llano Cifuentes en su obra «Liderazgo práctico», en ella destaca que los líderes que son capaces de adaptarse y recuperarse de los desafíos son aquellos que logran crear equipos más sólidos y comprometidos. Llano Cifuentes afirma que la resiliencia no solo es una cualidad personal, sino que también se transfiere al equipo cuando el líder sirve como un modelo a seguir en momentos de dificultad, tal como Manuel hace con los peregrinos que se encuentran en situaciones complicadas.

Finalmente, Fernando Trías de Bes, en «El libro negro del emprendedor», sostiene que la resiliencia es lo que separa a los líderes exitosos de aquellos que se rinden ante la adversidad. Para Trías de Bes, un líder servicial utiliza la resiliencia no solo para superarse a sí mismo, sino para apoyar a su equipo en los momentos más difíciles, ayudándolos a mantenerse enfocados en los objetivos comunes. Élodie, a lo largo de su Camino, aprende que ser resiliente no significa caminar sola, sino aceptar ayuda y ofrecer en los momentos críticos.

Siete actividades para fomentar el Servicio

1. Talleres de inteligencia emocional orientados al servicio: fomentar talleres de inteligencia emocional enfocados en el servicio ayuda a los líderes a comprender mejor las emociones propias y las de los demás, lo que fortalece su capacidad de servir de manera efectiva. Estos talleres pueden incluir ejercicios de autoconocimiento, análisis de casos y prácticas de empatía, donde los líderes aprenden a ponerse en el lugar de los colaboradores. A través de la práctica de la escucha activa y la regulación emocional, los líderes se preparan para crear ambientes de trabajo más armoniosos y centrados en el bienestar colectivo.

Este tipo de entrenamiento también promueve una conexión más profunda con el equipo, permitiendo que el líder comprenda las necesidades emocionales de los colaboradores. Cuando un líder está emocionalmente alineado con su equipo, se incrementa la capacidad de resolver conflictos y de mantener relaciones más saludables, lo que refuerza el sentido de servicio como un acto continuo de cuidado hacia los demás.

2. Creación de círculos de servicio: establecer círculos de servicio dentro de los equipos permite que los colaboradores y los líderes se turnen en la responsabilidad de facilitar proyectos o apoyar a otras áreas. Estos círculos refuerzan la noción de que el liderazgo servicial no es exclusivo de los altos mandos, sino que debe ser practicado por todos dentro de la organización. Cada miembro tiene la oportunidad de liderar y servir, lo que fomenta una cultura de interdependencia y colaboración genuina.

En estos círculos, los participantes pueden enfocarse en tareas específicas que requieren apoyo interdepartamental, permitiendo que el equipo como un todo crezca y se beneficie de las fortalezas individuales. Esta rotación de roles no solo mejora la cohesión del equipo, sino que también refuerza el concepto de servicio como una herramienta para alcanzar metas comunes, creando un ambiente de trabajo más colaborativo y equitativo.

3. Proyectos de impacto social: liderar proyectos de impacto social no solo conecta a los líderes con causas externas, sino que también les enseña el valor del servicio fuera del contexto corporativo. Involucrarse en iniciativas de ayuda comunitaria o medioambiental permite a los líderes desarrollar una comprensión más profunda del servicio, impulsada por un deseo de retribuir al entorno y mejorar el bienestar común. Estos proyectos, además, generan una mayor motivación y sentido de pertenencia dentro de la empresa.

Al liderar proyectos de este tipo, los líderes refuerzan su capacidad para movilizar equipos hacia objetivos que van más allá de las métricas empresariales, transformando el trabajo en una fuente de propósito para todos los involucrados. Este enfoque no solo mejora la imagen de la empresa, sino que crea un sentido de unidad y servicio que puede traspasar fronteras y dejar una huella positiva en la sociedad.

4. Liderazgo participativo y toma de decisiones inclusiva: el liderazgo participativo fomenta la inclusión y el servicio al hacer que los líderes busquen la opinión y el consentimiento de todos los involucrados antes de tomar decisiones importantes. Esto asegura que las decisiones no solo beneficien a unos pocos, sino que reflejen las necesidades y preocupaciones de todo el equipo. El servicio, en este contexto, se ve como la capacidad de facilitar el proceso de toma de decisiones, garantizando que todos los colaboradores se sientan escuchados y valorados.

La toma de decisiones inclusiva también incrementa la transparencia y la confianza dentro de la organización. Al incluir diversas perspectivas, los líderes muestran su compromiso con el servicio hacia su equipo y el bienestar colectivo. Esto fortalece la relación entre los colaboradores y sus líderes, ya que se percibe un liderazgo que no busca imponer, sino guiar y apoyar, generando resultados más sólidos y un ambiente de trabajo más comprometido.

5. Creación de foros de retroalimentación anónima: establecer foros de retroalimentación anónima en los que los colaboradores puedan compartir sus experiencias y percepciones ayuda a los líderes a comprender mejor las necesidades no expresadas dentro de su equipo. Al crear estos espacios de retroalimentación libre de prejuicios, se fomenta una cultura de servicio que prioriza el bienestar del equipo y mejora continuamente los procesos y el entorno de trabajo.

Estos foros permiten que los líderes ajusten sus acciones de manera más precisa, alineando sus decisiones con las expectativas reales de los colaboradores. Además, escuchar de manera activa y ajustarse a la retroalimentación fortalece la relación de confianza entre el líder y su equipo, demostrando que el servicio no es solo una política, sino una práctica diaria de mejora continua.

6. Desarrollo de una cultura de agradecimiento: una forma poderosa de fomentar el servicio en los líderes es crear una cultura de agradecimiento dentro de la organización. Los líderes pueden implementar prácticas regulares de reconocimiento, en las que se valoren los logros, el esfuerzo y el apoyo mutuo de los colaboradores. Esto puede ser tan sencillo como reuniones semanales en las que se tome tiempo para expresar gratitud, o el uso de plataformas digitales en las que los equipos puedan enviar mensajes de agradecimiento entre sí. Cuando los líderes expresan gratitud de manera constante, no solo mejoran la moral del equipo, sino que también demuestran un modelo de liderazgo servicial que reconoce y celebra el trabajo colectivo.

Además, el agradecimiento fomenta un ambiente de trabajo más positivo, lo que genera una mayor disposición al servicio dentro del equipo. Los colaboradores que se sienten valorados tienden a replicar esa actitud de servicio y apoyo con los demás, creando un ciclo virtuoso donde el servicio es una constante en el día a día. El reconocimiento de pequeños y grandes logros por parte del líder fortalece la cohesión y la motivación del grupo, alineando los valores del servicio con el éxito organizacional.

7. **Iniciativas de aprendizaje-servicio:** otra estrategia poderosa para desarrollar el sentido de servicio en los líderes es implementar iniciativas de aprendizaje-servicio, donde los líderes participen en proyectos de capacitación mientras contribuyen a una causa comunitaria. Por ejemplo, los líderes pueden organizarse para impartir formación profesional a comunidades desfavorecidas, colaborar con varias ONG para mejorar la empleabilidad de jóvenes, o incluso liderar programas educativos dentro de la empresa en los que los colaboradores enseñan habilidades a sus colegas. Este enfoque integra el aprendizaje continuo con el servicio activo, creando un doble impacto positivo.

La travesía de Élodie en el Camino de Santiago fue mucho más que un viaje físico; representó un profundo proceso de transformación personal y profesional que impactó no solo su vida, sino también la forma en que percibe el servicio hacia los demás. A través de cada paso en el Camino, fue descubriendo que el servicio no se limita a grandes actos, sino que se manifiesta en los pequeños gestos diarios, como compartir una comida, ofrecer apoyo emocional, o simplemente estar presente. La conexión humana y la generosidad, aspectos clave en su experiencia, demostraron que el liderazgo servicial comienza con la disposición de escuchar y atender las necesidades del prójimo.

El liderazgo de servicio que Élodie fue desarrollando a lo largo de su camino también le permitió reconectar con su propio ser, reconociendo que el acto de servirse a uno mismo, mediante la compasión y la autocomprensión, es igualmente crucial. Su autismo, que muchas veces sintió como una limitación en su vida diaria, se convirtió en una fortaleza que le permitió ofrecer una perspectiva única a los demás peregrinos, desde su conocimiento sobre la historia del Camino hasta su capacidad de observar y cuidar los detalles que pasaban desapercibidos para otros. Esto resaltó que el verdadero liderazgo no reside únicamente en dirigir, sino en acompañar y apoyar a otros en su propio camino.

Finalmente, el viaje de Élodie en el Camino de Santiago ilustra que el servicio es un ciclo en el que dar y recibir son dos caras de la misma moneda. A través de sus interacciones con personas como Manuel, el hospitalero, y otros peregrinos, comprendió que la capacidad de liderar con el corazón abierto se nutre tanto de lo que ofrecemos como de lo que permitimos que otros nos ofrecen. El Camino le enseñó a Élodie que, en la vida y en el liderazgo, el servicio genuino tiene el poder de transformar no solo a quienes lo reciben, sino también a quienes lo practican.

En el análisis literario de la historia de Élodie y su travesía por el Camino de Santiago, podemos observar cómo se entrelazan temas fundamentales como el servicio, la comunidad, y el crecimiento personal. A lo largo de su viaje, Élodie encarna los principios del liderazgo servicial, tal como los plantea Robert Greenleaf en su teoría del liderazgo de servicio, donde el líder se centra en las necesidades de los demás antes que en las propias. En obras como «Liderazgo y la nueva ciencia» de Margaret Wheatley, se refuerza esta noción de servicio, destacando que los actos pequeños y cotidianos de cuidado y apoyo generan cambios significativos en los equipos y las comunidades. En el Camino de Santiago, vemos cómo el liderazgo servicial trasciende la jerarquía tradicional para convertirse en un acto compartido de apoyo mutuo entre los peregrinos, cada uno aportando a su manera.

Por otro lado, las siete actividades propuestas para fomentar el servicio en el liderazgo se alinean con la experiencia de Élodie y su crecimiento personal. Desde la creación de una cultura de agradecimiento que fortalece las relaciones interpersonales, hasta los círculos de servicio que promueven la colaboración, estas acciones invitan a los líderes a practicar el servicio en todas sus formas. Además, las iniciativas de aprendizaje-servicio y los foros de retroalimentación anónima brindan oportunidades para que los líderes mejoren tanto sus habilidades como su impacto en la comunidad. Estas acciones fortalecen el liderazgo y transforman el entorno organizacional en uno más humano y colaborativo, donde el servicio es el eje de todas las interacciones.

Aprendizaje No. 7 - Servicio

Momentos de alegría y comunión en el Albergue Ave Fénix en Villafranca del Bierzo, capturados mientras filmábamos un documental sobre la vibrante vida de los albergues, lleno de cariño y camaradería.

Con Manuel, quien con su emblemática bata azul ha acogido a innumerables peregrinos. Su calidez y sabiduría nos recuerdan que el Camino es más que una ruta; es un encuentro con almas generosas como la suya, que dejan una huella imborrable en nuestro viaje.

Epílogo

¡Felicidades por haber llegado hasta aquí! Has recorrido un viaje profundo y transformador, no solo explorando los aprendizajes del liderazgo, sino también descubriendo las huellas que cada paso deja en tu vida. Este camino que has seguido no es sencillo, pero has demostrado una capacidad para reflexionar, aprender y adaptarte, cualidades que requieren valentía y compromiso. Haber llegado hasta este punto refleja que te has comprometido no solo como líder, sino como un ser humano en constante evolución y crecimiento. Gracias por darme lo más sagrado que tienes: tu tiempo para leer este texto. Ese regalo es invaluable y lo recibo con gratitud.

Al mirar atrás, reflexiona sobre las conexiones que has establecido con los personajes y sus historias. Cada uno de ellos ha representado una faceta importante del liderazgo, ofreciéndote herramientas prácticas y también la oportunidad de descubrirte a ti mismo a lo largo del proceso. Ahora, con estas enseñanzas como compañeras de camino, puedes avanzar con la certeza de que el liderazgo auténtico se construye paso a paso, con compasión, humildad y un profundo deseo de servir a los demás.

Epílogo

Has alcanzado el final de este libro, pero también te encuentras en el umbral de un nuevo peregrinaje en tu vida. Al igual que en el Camino de Santiago, cada paso ha sido una oportunidad para aprender, y cada página te ha invitado a reflexionar y crecer como líder. Los personajes que has conocido, al igual que los peregrinos en la ruta hacia Compostela, enfrentaron desafíos y encontraron su fuerza en el servicio, la unidad y el legado que dejaron en los corazones de quienes los rodeaban.

Ahora es tu turno. Como los caminantes que observan el horizonte al llegar a la Catedral de Santiago, también tú tienes un nuevo horizonte que explorar. Cada uno de estos aprendizajes está en ti, esperando ser aplicado en tu vida diaria, en tu trabajo y en tus relaciones. El Camino te ha enseñado que el verdadero liderazgo es una travesía de compasión, valentía y humildad. ¡Sigue caminando con propósito y determinación, porque el mundo necesita líderes como tú, que iluminen el camino de los demás!

Sobre La Autora
Ángela Kohler

Ángela Kohler es un testamento viviente de la resiliencia y la compasión humanas. Nacida en el sereno municipio de Sonsón, Colombia, su vida se vio marcada por la trágica muerte de su madre. Este profundo dolor transformó su enfoque hacia una vocación de servicio y liderazgo compasivo. Esta experiencia catalizadora la llevó a una distinguida carrera en psicología, dedicando más de dos décadas a la gestión pública en Colombia, donde su liderazgo y compromiso fueron reconocidos con los más altos honores nacionales e internacionales.

Residiendo en la Florida (Estados Unidos), Ángela encuentra en la naturaleza un refugio y una fuente continua de inspiración. Su trayectoria académica es tan impresionante como su carrera profesional, ostentando cuatro maestrías y tres especializaciones, complementadas con más de cinco mil horas de actualización profesional continua. Estas credenciales, junto con siete certificaciones como Mentora Experta, han consolidado su reputación en el desarrollo personal y profesional.

El camino personal y profesional de Ángela tomó una nueva dimensión de significado durante su peregrinaje por el Camino de Santiago de Compostela. Este viaje fue además una profunda meditación sobre la naturaleza del sufrimiento, la fortaleza y la redención. Cada paso por los antiguos senderos se convirtió en una lección sobre la importancia de la humanidad y la compasión en el liderazgo, temas que ahora permean su escritura y enseñanzas.

Ángela es autora de varias obras influyentes que exploran las profundidades del liderazgo humano y la psicología, mostrando cómo los desafíos personales pueden transformarse en oportunidades para el crecimiento y la ayuda mutua. Su dedicación a compartir su conocimiento y sabiduría ha enriquecido incontables vidas, reflejando su creencia inquebrantable en la capacidad de cada persona para superar adversidades y realizar contribuciones significativas a la comunidad y al mundo.

Ángela Kohler nos invita a todos a encontrar nuestra propia ruta de transformación personal y liderazgo compasivo, mostrando con su ejemplo que el verdadero liderazgo comienza con el coraje de enfrentar nuestros desafíos más profundos y la voluntad de transformar nuestro dolor en un legado de esperanza y curación.

Email hola@angelamentora.com
Web: www.angelamentora.com
Tel: +1 (727) 644 8152
WhatsApp: +1 (727) 642 2719

OTROS LIBROS DE LA AUTORA QUE ENCUENTRAS EN AMAZON

- «Alcanza el Éxito conectando con tus Cinco EX»
- «Mujeres, Emprendimiento y Felicidad: Modelo de las 10 Ps»
- «Y Jesús Lloró: Descubre el Poder del Liderazgo Compasivo»
- «¿Sabes cómo votas? Entre la Persuasión y la Manipulación»
- «El Cielo es Violeta: Hay que creer para ver»
- «Summarium: Constricción Colectiva del Conocimiento - Liderazgo»
- «Juntas es mejor: Resiliencia femenina en tiempos de incertidumbre»
- «Conversatorios: Voces educativas colaborando en la incertidumbre»